中小学生不得不读的
故·事·丛·书

让青少年懂得

# 团结友爱

## 的故事

每一个好故事，都会带你种下完美人生的种子；每一个好故事，都是我们领悟人生的一盏明灯；每一个好故事，都是我们人生的一块基石。它给我们智慧的启迪，让我们抓住希望，对今天更加珍惜，对明天充满自信！

ZHONGXIAOXUESHENG
BUDEBUDU DE GUSHI CONGSHU

本书编写组◎编

世界图书出版公司
广州·上海·西安·北京

图书在版编目（CIP）数据

让青少年懂得团结友爱的故事／《让青少年懂得团结友爱的故事》编写组编著. —广州：广东世界图书出版公司，2010.2（2021.5 重印）

ISBN 978 - 7 - 5100 - 1498 - 7

Ⅰ．①让… Ⅱ．①让… Ⅲ．①品德教育－中国－青少年读物 Ⅳ．①D432.62

中国版本图书馆 CIP 数据核字（2010）第 024769 号

| | |
|---|---|
| 书　　名 | 让青少年懂得团结友爱的故事 |
| | RANG QINGSHAONIAN DONGDE TUANJIE YOUAI DE GUSHI |
| 编　　者 | 《让青少年懂得团结友爱的故事》编写组 |
| 责任编辑 | 韩海霞 |
| 装帧设计 | 三棵树设计工作组 |
| 责任技编 | 刘上锦　余坤泽 |
| 出版发行 | 世界图书出版有限公司　世界图书出版广东有限公司 |
| 地　　址 | 广州市海珠区新港西路大江冲 25 号 |
| 邮　　编 | 510300 |
| 电　　话 | 020-84451969　84453623 |
| 网　　址 | http://www.gdst.com.cn |
| 邮　　箱 | wpc_gdst@163.com |
| 经　　销 | 新华书店 |
| 印　　刷 | 北京兰星球彩色印刷有限公司 |
| 开　　本 | 787mm×1092mm　1/16 |
| 印　　张 | 13 |
| 字　　数 | 160 千字 |
| 版　　次 | 2010 年 2 月第 1 版　2021 年 5 月第 10 次印刷 |
| 国际书号 | ISBN　978-7-5100-1498-7 |
| 定　　价 | 38.80 元 |

# 前　言
## FOREWORD

　　人类，从原始社会开始，就是依靠群体而生存的。在原始社会，由于生产力水平低下，人类若不聚群而居，就根本无法战胜自然灾害和抵御野兽的侵袭。

　　随着社会的进步和生产力的提高，单个人的生存能力虽然大大提高了，但随之而来的社会分工又把人类联系成一个整体。即使到了科学高度发展的今天，个人的能力获得了极大的提高，但生产的社会性和科学研究的社会性也随之加强，任何活动，都不是单个人的力量所能胜任的。因此人与人之间要团结友爱、共存共荣，大到一个国家小到一个家庭。

　　团结表现在国君身上则是爱护百姓、施行仁政；表现在将军身上则是爱兵如子、体恤士卒；表现在地方官身上则是造福一方百姓。虽然他们这样做的个人出发目的不尽相同，或为自己的江山社稷，或为了边关的稳固，或为了地方的安定，但是他们最终目标是相同的，那就是社会稳定、人民安居乐业。把他们的事迹放到我们现在来看便是一种团结的精神——为了维护祖国的统一，社会的安定繁荣而不懈努力。

　　然而，当团结表现在个人对个人的时候，便引申出了友爱这一主题。因为在人生的路上，我们会经历许多的事，遇见许多的人，这其间就有我们想要靠近的人和想要靠近我们的人，而人与人的交往中就是事物的不断的更新与交替的过程。在这交往的过程中也就产生了友爱。友爱，是人与人之间的一种特殊的表现，而且是在人类社会的生产、生活中出现的非血缘情感。

　　友爱在不同的情形下有着不同的表现形式。当友爱表现在上下级或长

辈晚辈之间时便是关爱部属、爱护晚辈；当友爱表现在邻里之间时便是互敬互爱、宽以待人；当表现在朋友之间时便是重情重义、同舟共济……人与人之间的关系是多种多样的，因此人与人之间的情感也是丰富多彩的。但无论何时友爱始终是我们这个社会的主流，是人与人和睦相处的基础。所以，友爱是任何时代和任何人都少不了的和离不开的。俗话说的好"远亲不如近邻"，就是这个意思最通俗的表述。

以团结和友爱而著称于世的典型，从古到今、从国内到国外有过数不清的事例，如网开三面、文翁兴学、祖狄爱民、管鲍之交、廉蔺之谊、邓稼先与杨振宁挚诚相待、瓦特孙抗逆流、维勒和李比希水火相容等，无不散发出浓郁的芬芳，为后人称道。他们或为国为民，实行仁义；或为国为民，生死相救；或互学互助，共攀高峰；或同艰共苦，生死不渝；或托妻托子，诚信可嘉；或批评劝诫，互相勉励；或仗义疏财，荣辱与共。总之，他们体现出团结友爱、同心同德、顾全大局、同舟共济的崇高风范。

从这些团结友爱的典型事例之中，我们可以清楚地看出：对一般人来说，团结友爱是协调人与人关系的润滑剂；对政治家来说，团结友爱是调动人的积极性的重要手段；对文学家来说，团结友爱是孕育文学灵魂的接生婆；对诗人来说，团结友爱是提高精神境界的发动机。

在今天建设社会主义精神文明之际，我们又何尝不能从这些团结友爱的典型事例之中发掘出需要的东西呢？

本书收录了古今中外团结友爱的故事，共分6个部分，希望读者通过此书可以懂得团结他人、顾全大局、慎择友、善待友的道理，懂得人与人之间要互相帮助、互相支持、同心同德、忠诚合作。

## 体恤爱民　仁心仁德

## 关爱部属　顾全大局

# 体恤爱民 仁心仁德

## 商汤网开三面

> 道之以德，齐之以礼，有耻且格。
>
> ——孔子

夏朝末年的国王夏桀，荒淫残暴，整日吃喝玩乐，恣意搜刮老百姓的钱财，又连年征战，并用残酷的刑法镇压人民的反抗，人民处于水深火热之中，都希望夏桀早一天死去。

谁能带领人民来推翻夏桀的统治呢？商汤勇敢地担起了这重任。

商族是居住在我国北方的一支古老的民族，汤是商族始祖的第14代孙。目睹夏桀日益失去民心，商族的势力又一天天地强大，汤便决心从北方南下，推翻夏王朝，救人民于水火。

商汤是一位仁慈善良、爱惜百姓的首领。他深知，要推翻夏桀的政权，不能单靠武力，首先要争取民心，使天下的百姓都乐意归附，天下的有才能者都能辅佐他。

一天，汤到郊外出游，看见一个人从四面架起网，然后，便向天祷告

说："愿来自天下四方的飞鸟，都落入我的网中！"

这时，正在天空自由自在飞行的小鸟们，不知不觉进入捕鸟人的网中，左冲右突，怎么也冲不出去，不时发出"啾，啾……"的哀婉啼叫。

汤看到这种情景，心里很有感触，便上前对捕鸟的人说："喂！你这样捕鸟，是会把天下的飞鸟都捕尽的。"汤命令手下的人撤去三面网，只留下一面网，然后向上天祷告说："想从左面飞去的鸟，就从左面飞走吧！想从右面飞去的鸟，就从右面飞走吧！那些乱飞的鸟，只好进入我的网中了。"

商汤网开三面的故事，很快便在夏桀统治下的各国传开了，人们都说："汤的德行太高尚，连对禽兽都有一副仁慈的心肠，更何况对于百姓！"

从此，各诸侯国的人都企盼商汤能够早日成为自己的君王。

不久，商汤起兵征讨夏桀，锋芒直指葛国。葛国是汤的邻国，国君很放荡，甚至不祭祀祖先。汤知道后派人责问葛国国君："你为什么不祭祀祖先？"

葛国国君葛伯回答说："没有祭祀用的牛羊啊。"

汤便派人送去牛羊，可葛伯却把牛羊宰杀吃肉，还是不祭祀先祖。汤又派人问道："你为什么还不祭祀？"

葛伯说："没有祭祀用的粟米。"汤又派民众前往葛国为葛伯种田，还向老人和小孩赠送食物。这时，葛伯率人乘机抢夺酒食粟米，谁不给就把谁杀掉。有一个孩子得到赠给的米肉，也被杀死。

商汤出兵讨伐葛伯，在当时影响很大，各诸侯国的人都说："商汤讨伐葛伯，不是为了有一天能够富有天下，而是为百姓报仇。"

商汤讨伐葛伯得到了各国人民的拥护，这为他推翻夏桀的正义战争开创了十分有利的形势。商汤从起兵伐葛到最终推翻夏桀王朝，先后共进行11次征战。当商汤率兵从东面征伐夏桀的时候，夏桀西面属国的人民就有怨言；从南面征伐夏桀的时候，北面的人民也有怨言。他们都说："汤为什么不先来讨伐我国的昏君，把我们排在后面？"各诸侯国人民盼望商汤的到来，就像久旱盼甘霖。

商汤的军队纪律严明，凡是商汤讨伐夏桀的军队所经过的地方，赶集的人照旧进入市场，锄草的农夫依然在田间耕作，丝毫不受惊扰。商汤讨伐暴君，慰问百姓，犹如旱季降雨，天下百姓无比喜悦。

商汤捕鸟网开三面的故事，体现出他对当时人民所遭受的苦难非常同情。他向葛国的老人和小孩赠送酒肉粟米，因为无辜的儿童被杀害而讨伐葛国，这使他赢得了民心。因此，他的军队所向无敌，终于推翻了夏桀的残暴统治，建立了商王朝。

# 周武王团结民心兴周灭商

上下同欲者胜

—— （战国）孙武

武王，名姬发，文王次子。因文王长子伯邑考被商纣王残杀，所以，文王病死了，由他继位。

姬发继位后，继续任用姜子牙为国相，以兄弟周公旦召公奭为助手，进一步整顿内政，团结各种势力和人士，不断增强军力，为兴兵伐纣做好准备。

继位第二年，周武王姬发在盟津（今河南省孟县南）大会诸侯，检阅伐纣的军容和士气。到会的有800多个小国诸侯，军旗招展，战车成阵，刀枪闪光，威武雄壮。在周武王讨纣灭商的旗号下，各国诸侯军同仇敌忾，众志一心，进行了大规模的征战演习，增长了武王出军获胜的信心。

2年后的春天，周武王亲自率领战车300辆，虎贲（勇士）3000人，甲士45000人，联合各小国的兵力，向东进军，出潼关、渡孟津，在黄河北岸驻扎，战旗蔽日，鼓角震天，声势浩大。

为了增强兵力，周武王还在盂津会合庸、蜀、羌、苗、微、卢、彭、

濮8个西南部族，联军并阵，相互呼应，共同战斗。大军进至距商都朝歌70里的牧野（今河南淇县西南），又举行了威振四方的誓师大会。刀枪林立，军容肃然。周武王登上誓坛，宣读名叫《泰誓》的誓词。他两眼炯炯，声如洪钟，对全军将士说道："商纣王昏庸残暴，专横狠毒，虽然有亿万奴隶，但全国上下离心离德，思想不统一，信念不一致，步调不协调；我有治国能臣10人，思想统一，信念一致，为伐纣灭商千军万马英勇向前！"他望着如林如云的战车和士兵，又慷慨激昂地勉励将士："大家要团结一心，为同一目标战斗，一定会取得胜利，一定会建立功勋，并让天下永享太平！"士兵们听了激荡人心的誓词，倍受鼓舞，斗志大振。周军与商军大战于商都郊外，这就是历史上著名的"牧野之战"。

当时商军主力远在东南战场，一时征调不过来。纣王便把大批奴隶和从东南夷捉来的俘虏武装起来，开往前线。在激烈的战斗中，商军奴隶兵都不愿为纣王卖命，纷纷在阵前掉转戈头，发动起义，配合周军攻入商都朝歌。纣王见商军被杀得遗尸遍野、血流成河，大势已去，无可挽回.便怀着绝望和凄惶独自登上鹿台，用大量的玉璧围堆在身边，然后点火自焚，商朝灭亡了。

姬发灭商后几天，登上小山俯看商的都城朝歌，只见朝歌建筑雄伟，高屋建筑，气势十分浩大。武王两眼凝视远方，心中不禁想到：如此强盛的商朝，延续了数百年之久，只因为失去了民心。朝野离心离德，顷刻之间就被灭亡。赢得民心，同心同德是太重要了。

为了巩固周朝，稳定局势，团结国内各种力量，周武王以公、侯、伯、子、男五等爵位分封亲属和功臣。为了安抚商朝的残余势力，姬发又将纣王子武庚封为殷侯，留在殷都。

殷商旧王朝与民众离心离德，终于败亡；姬发新王朝与民众同心同德，夺得胜利。两相对照，说明国家民族内部团结、一心一德，非常重要。

# 鸣琴治单父的宓子贱

宓（mì）子贱，名不齐，春秋期鲁国人，是孔子的弟子。宓子贱是个很有才华的人。他跟孔子当学生时，学习刻苦，又很善于思考问题，深为孔子所赏识。年纪不大就颇有名气。

不久，国君任命他去做单父宰。宓子贱接受了鲁君的任命。上任前，他访贤问能，多方求教政之道。他首先求教于孔子。孔子对他说："当了官以后，不要随便迎合人和拒绝人，也不要随便责怪人和许诺人。轻易许诺就会丧失节操；一概拒绝，就会疏远众人，结果必然闭目塞听，好像处在高山深渊之中，仰望看不见山顶，想知道深渊又不能测量。"宓子贱点头称是，一一记在心里。

宓子贱又来到河边，找到一个叫阳昼的渔翁，恭恭敬敬地说："我要到单父上任，今天特地向您告别，您有什么话要说给我吗？"

阳昼沉思了一会儿，说道："我是个穷打鱼的，哪里知道为官政的道理。不过，我有两点钓鱼的体验，说给你听听吧。"

宓子贱连忙说："好，好，有什么体验，你快说说吧！"阳昼笑笑说："河中有各种各样的鱼，凡是见到钓饵就咬、争相吞食的，准是那令人讨厌的阳鲛，这种鱼肉味淡；凡是见到钓饵，像似看见了，又似没看见，不争不抢，想吃又不贪吃的，多是鲂鱼，这种鱼肉厚味美，令人喜爱。"

宓子贱听了，恍然大悟，连声称妙。

一天，宓子贱前往单父，走马上任。离单父城还有几十里路远，忽见前方尘土飞扬，车盖如云。原来是单父的一些官吏大户、绅士名流闻讯争相出城迎接，想与新守宰拉近乎。宓子贱看见这帮人跑这么远来迎接他，忽然想起渔翁的告诫。于是，连声催促车夫，说："快吧车赶过去，快吧车赶过去，不必多搭理这帮人，阳昼说的'阳鲛'来了。"

宓子贱人单父宰后，岁为单父的最高官吏，重任在肩，但他整天若无其事，悠然自得。他很爱弹琴，在城南筑了个琴台，经常在上面与人一起鸣琴唱和，单父照样呗治理得很出色。人们称赞他能"身不下堂，鸣琴而治。"其实，宓子贱采用的是高明的办法。

有一次，齐国军队攻打鲁国，要经过单父。当时小麦正待收割。眼看齐军就要来到，各家收各家的麦子已来不及了。

有人向宓子贱建议，放城里的人出去，不管谁家的麦子，谁收割了归谁所有。这样就能很快收完麦子，不让敌军得到一点军粮。

下属管理一连向宓子贱请示了三次，他都坚决不答应。没过两天，齐军来了，抢割了单父很多麦子。鲁国大夫季孙听到这件事很恼火，派人谴责宓子贱，说："老百姓辛辛苦苦种的麦子，你拦着不让放任收割，反倒留给齐军，这岂不太令人痛心吗？如果敌军突然而来，你事先不知道，还可以原谅。可是，人们三次向你建议，你都不答应，难道这是为国家着想吗？"

宓子贱听了季孙的责备，笑了笑，意味深长地说："依我之见，今年的麦子被齐军割了，明年还可以再种。如果一来贼寇，就让那些不种田的人任意收割别人的庄稼，岂不助长了人们盼望贼寇的心理？"

"再说，一季小麦咱们收了，鲁国也不见得富多少；丢了这些麦子，也弱不了哪去。如果这次鼓励老百姓不劳而获，去抢别人的劳动果实，那给人们心理上造成的坏影响，就不是三年五年能消除的了。"

听了宓子贱的话，季孙明白了自己只看到几斤麦子，宓子贱却考虑的是社会道德风范这件大事，觉得还是宓子贱见识深，想得远，自愧不如。

孔子听说他的学生在单父"鸣琴而治"，很高兴，便询问宓子贱："你用什么方法治理单父的?"

宓子贱回答:"学生像对待父亲一样尊敬百姓长辈,像疼爱自己的孩子一样,疼爱百姓的子女,抚恤孤儿,爱护百姓,和百姓同欢乐,共忧患。"

孔子听了,沉思片刻,说:"好,不过这是小节,要治理好一个地方还很不够。"

宓子贱又说:"学生团结了一批人,我就像对待父辈、兄长、知心朋友一样对待他们。"孔子点点头,说:"可以教给他们仁义道德,这些人一定会拥护你。不过,这是中节,还不足以治理好一个地方。"

宓子贱又说:"这里有五个比我贤能的人,我把他们当做争相吞食的,准是那令人讨厌的阳鲛,这种鱼肉味淡;凡是见到钓饵,像似看见了,又似没看见,不争不抢,想吃又不贪吃的,多是鲂鱼,这种鱼肉厚味美,令人喜爱。"

孔子听了,恍然大悟,连声称妙。

宓子贱做单父宰时,实行仁政,任用贤能,提倡爱民,为政三年,单父大治。史书上称单父被他治理得风淳、俗美、物阜、年丰,路不拾遗,夜不闭户。《史记》中说:"子贱治单父,民不忍欺,西门豹治邺,民不敢欺。"

后人对宓子贱一直很赞赏,在单父城东南隅当年宓子贱鸣琴的地方,专门建筑一个琴台,以寄托景仰之情。

宓子贱在总结实现"鸣琴而治"的经验时,贯穿着一个精神:以仁爱之心待人,团结人。

有些人做了行政长官以后,不体恤百姓,视自己是太上皇,称百姓为"子民",把属下视为粗使杂役,大耍喝奴使婢的威风,没有气度任用比自己能干的人,百般打击排斥有能力的人才,在这种官员的治理下,百姓一定怨声载道,属下跟他离心离德,绝对不会出现"鸣琴而治"的太平景象。

## 文翁兴学

> 不学礼，无以立。
>
> ——孔子

这是发生在汉朝时期的故事。天刚刚亮，蜀郡地区（今成都）的人民便如潮水般地涌到郡府门前的一座新房子前，怀着惊奇的心情来观看本郡的一大奇观。

不一会儿，蜀郡郡守文翁走了出来，人们蜂拥而上。郡守大声向人们宣布："这所新房子就是咱们蜀郡第一所学校。"

学校！什么叫学校啊？蜀郡的人第一次听说这个名字，以为是一个新的官府机构呢！

原来，蜀郡这个地方在汉朝时还没有开化，一直处于蒙昧状态，百姓生活十分艰难，他们根本不知道学校是什么？有什么用？

文翁刚任蜀郡太守，就意识到了这个问题的严重性。

有一次有两个人打架，打得头破血流，文翁处理这件事情时问他们："人和人之间要讲求仁义，互相谦让一些，你们为什么光打架呢？"

可是那两个人都不解地问："什么叫仁义？我们以前从来没有听说过！"

又有一次，有父子俩吵架，一直闹到文翁那里，文翁训斥那位年轻人说："做儿子的要讲求孝悌，难道你不懂吗？"

"什么叫孝悌呀？"年轻人迷惑不解。

文翁通过一系列的事情觉得有必要教育开化这个地区的人民。

于是，他召集随从商量这件事，他说："我看这里的人们还没有开化，应该教育训导他们。""我们也知道这一问题，可是历任郡守都不管，我们何必操心呢？"

文翁叹息说："这只能是为官者的失误。如果一直不教育他们，他们什么时候才能开化呢？做为百姓的父母官，我有义务这样做。"

"那么我们怎样才能开化这些人呢？"随从们问道。

"我想在这儿开一所学校。"

"可是到哪里找老师呢？"

"我们先选一批聪明好学的人到皇都学习，学成后回来，就可以教育百姓了。"

随从们听了文翁的主意，都非常赞成。于是，众随从都争先恐后地遵照文翁的吩咐行动起来。

文翁首先挑选了一批聪明好学的年轻人到皇都学习，培养他们成为学校的教师。接着，文翁又下令在郡守府门前建起了一座高大的房子，当作校舍。等到那些到皇都学习的年轻人学成归来后，文翁召集全郡的百姓到郡守府门前，宣布学校成立。

文翁在全郡的青少年中选了一批人，成为学校的第一批学生，官府给他们很多好处，免除了他们的徭役，供给他们吃住。这些人学成后，都担任了蜀郡的官员，又负责教育训导百姓。

全蜀郡的人终于明白了什么叫学校以及读书的众多好处，于是都争着上学，接受教育。其后，文翁又在全郡建了好多学校，使全郡的青少年都能读书学习。

没过几年，蜀郡的社会风气迅速好转起来，人们生活富裕，文明礼貌，相互谦让，孝敬父母。和当时文明教化较好的齐鲁等地一样出名。

文翁以仁为政，训导教化人民收到了显著的效果，至今巴蜀地区的人们仍崇尚文明礼貌，社会风气文明良好，不能不说是文翁的功劳。

文翁从改变人民对事物的认识出发，提高了人民的素质，从根本上改变了人民的意识，似乎这也是团结爱民的一种方式吧！

# 刘备撤军 扶老携幼

> 辅车相依，唇亡齿寒。
>
> ——《左传·鲁僖公五年》

东汉末年，刘备在曹操大军接二连三的追击下，只好投奔到荆州刘表那里。刘表非常赏识刘备，用隆重的礼节迎接他，并让他带兵驻守在新野附近。

刘表病重时，特意把刘备召来，郑重地嘱托他："我的儿子没什么才能，将领也不够精良，我死之后，你可以兼任荆州刺史。"

刘备连连摆手，用温和的声音安慰刘表："您的几位公子很有才华，您还是安心养病，我是不会忘记您对我的深厚恩情的！"

刘表感动得热泪盈眶。有人不理解这件事，劝刘备说："我看你不如听从刘表的话，他这可是一片真心啊！"

刘备仍然用坚决的口气说："你不了解我，刘表待我如此，如果我听从他的话，天下的百姓一定会嘲笑我是一个不仁不义的人，我不想被天下人所误解。"没过几年，曹操率领大军南征。这时，刘表已经病死了。刘表的儿子刘琮做了荆州牧。

刘琮是个贪生怕死的人，他不仅没带兵抵抗，反而急忙向曹操请求投降。但他没敢把这件事告诉刘备。很快，曹军已经兵临城下，形势十分危急。刘备得知这一消息后，捶胸顿足，仰天长叹，非常生气地说："刘琮啊，刘琮，你怎么这样没有志气呢，你对不起你父亲对你的教诲啊！"

这时，刘备部下的人，甚至诸葛亮等人纷纷劝说刘备抓住这一有利时机去攻打刘琮，占领荆州这个战略要地。

刘备沉思了许久，坚定地说："刘表病重时把他的儿子嘱托给我，我也答应要好好照顾他，如今我反而去攻打刘琮，这种事，我是不忍心也决不会做的，你们别再劝了!"

当刘备率领部下经过襄阳城时，向城上大声呼喊："请刘琮出来，我有几句话要说。"

刘琮吓得不敢出来。刘备无奈地叹了口气，随后来到刘表的墓前，跪倒在地，扶住冰冷的墓碑，伤心地哭了很久，四周的将领们也感动得眼眶湿润了。

刘琮的部下、荆州的军士和老百姓，被刘备对刘表的深厚情义所感动，他们都心甘情愿地跟随刘备前往江陵逃难。到达当阳城时，跟随刘备的士兵和百姓多达 10 万人，运载粮草财物的车子也有几千辆。人山人海，缓慢地向前移动。百姓们扶老携幼，走得很慢。有人很焦急地劝刘备："我们的目的是占有江陵，按现在的速度走，肯定会被曹军追上的。再说，这 10 万多人，貌似庞大，其实并没有多少士兵，多是一些老百姓，曹军来了，又如何抵抗呢?"

刘备很自信地说："我们做大事的，应该懂得争取广大人民的拥护。大家这么热情地跟随我，是对我的信任，我又怎么忍心丢下他们不管呢?"

这支很独特的队伍仍缓慢地朝前行进着，老百姓的心里都充满了无限的希望。

这时，曹操亲自率领 5000 名精兵追了过来，行动神速。形势实在太危险了，直到这时，刘备才在众人的再三劝说下，不得不抛弃妻子，与诸葛亮、张飞等几十名骑兵急忙先走一步。后来，刘备采纳了东吴军师鲁肃的建议，与孙权将军联合起来，共同对付曹操。刘备的力量壮大起来了，生活上有了坚实的保障，那 10 万老百姓也跟着刘备过上了幸福的生活。

刘备为人宽厚，讲求仁义，他敬重帮助过他的人，爱护拥护他的百姓，甚至在危难时也不忍心抛弃随行的平民，被后世传为美谈。

# 裴侠为官

> 善人者，人善之。
>
> ——《管子·霸形》

裴侠原名裴协，是西魏文帝手下的一名颇有威仪的大将。在战场上，他作战非常勇敢，一身侠骨。西魏文帝为了表彰他，给他易名为裴侠；在承平时期，裴侠做官非常廉洁，在当时独持清操，被誉为"独立使君"。

裴侠刚到河北郡守任上，一天，他正在官府大院的空地上练武，忽然看见一队人马逶（wēi）迤（yí）而来。待到走近一看，原来是当地的老百姓送礼来了。只见人们挑的抬的，全是鱼啦肉啦什么的。

裴侠早先就听说过，这儿的老百姓每年都得给地方官送礼，虽然老百姓有许许多多的怨言，但是谁也不敢违抗。特别是对新来的官吏，更是不能马虎。久而久之，这种送礼就成为一种通例。

裴侠刚到这儿来走马上任，自然要遇到这种场面。不一会儿，礼品已经放到了院子里。裴侠停止了练武，对来人大声问道："喂，你们来这儿干什么？"

"我们是按你们官府的命令来送礼的！"一个20来岁的青年人回答，听起来满是怨气。因为裴侠是初来乍到，又没有穿官服，老百姓还不认识他，所以说话的时候没有什么顾忌。

"这儿就是官府，我是新来上任的裴侠。我没有让你们送东西来呀！"裴侠的威严里透着和气。来人听说站在眼前的就是大名鼎鼎的裴侠，一个个目瞪口呆，身上冒着冷汗。大家心里都在埋怨那个小青年说话冒失。

裴侠看出了大家的心思，笑了笑说："你们快把这些东西抬回去吧。"一位长者走到裴侠的跟前，跪在地上说："刚才后生说话太愣（lèng），我们向您赔不是了。这些东西您不收下，我们心里就不踏实。这是我们这儿的规矩啊！"

裴侠上前扶起了老汉，坚定地说："我是这儿的郡守，我说了可以算数的，以后这个陋习取消！"送东西的人听了裴侠的这几句话，满怀喜悦地将东西抬走了。

裴侠马上把身边的官吏们叫到大厅里，声色俱厉地问："谁出的主意？让老百姓给我们送食物？"

一个小吏走上前来，悄悄地对裴侠说："官府要点礼品，这是以前留下的老规矩，我们只是按过去的习惯办的。"

裴侠大声说："我们做地方官的应该成为老百姓的衣食父母官，怎么能加重老百姓的生活负担呢？你们听好，从今天起，我要破破这个规矩，今后谁也不许要老百姓送礼。如有违反，决不轻饶！"

从此，裴侠左右的官吏再也不敢向老百姓要这要那了。裴侠更是和普通老百姓一样，吃小米、咸菜，过着十分简朴的生活。裴侠自奉简约、爱护百姓的故事传到了在丞相府做官的伯凤的耳朵里，伯凤嘲笑裴侠说："古往今来，哪个做官的离得开'名利'二字？裴侠这么清苦，真是太不开窍了！"

裴侠针锋相对地说："我做官就是要替老百姓着想，这样才对得起朝廷，对得起祖宗！"

从此，裴侠为官清廉的名声更大了。

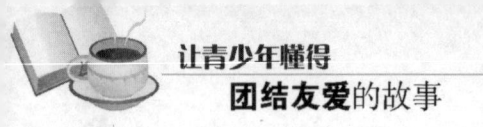
# 祖逖爱民

> 一个篱笆三个桩，一个好汉三个帮。
>
> ——毛泽东

祖逖，(tì) 字士稚。他家世代做二千石俸禄的高官，父亲祖武，是晋王司马昭的属官。祖逖年少丧父，他性格豁达、粗犷，不拘小节。他不看重钱财，好仗义行侠，慷慨有节操，每次到田庄，他都发放粮食、布匹赈济穷人，乡亲们和同族人都很看重他。

后来都城内乱，祖逖带领族人乡亲数百家到淮泗地区避难。途中，祖逖把自己乘坐的车马让给同行的老弱病者，自己步行，还把自己的药物衣粮等拿出来与大家共用，遇到情况他又能随机应变。因此，年长年少的都依附他，推举他做一路之上的主事人。

祖逖看到国家危难，忧心如焚。他胸怀大志，一心想恢复江山。他的宾客和追随他的人都是一些性情暴烈的勇士，祖逖待他们很好，像对待自己的子弟一样。

当时，扬州地区发生了严重的饥荒，这些人中多数当了盗贼，抢劫富户的财物。他们中有的人被官府抓获，祖逖就想尽办法保护并解救他们。有人谈起这事就看不起祖逖，但祖逖却坦然自若，不以为然。

祖逖还向琅邪王司马睿进谏道："天下的动乱，并不是由于圣上无道引起百姓怨恨和反叛，而是因为各藩王争权夺势，自相残杀，使得外族乘虚而入，以至入侵到了中原。现在那里的百姓正遭凌虐，人人都有抗击敌寇的愿望。大王如果真的能根据您的威望任命将帅，假使派我祖逖这样的人做统帅，那么各地的豪杰必然会闻风而归向大王，那些意志消沉的人也会积极活跃起来。这样，雪洗我们的国耻就有希望了。"

司马睿听从了祖逖的话，任命祖逖为奋威将军、豫州刺史，发给他一千人所用的军粮，三千匹布，只是不分配给人员、兵器，让他自己去招募。祖逖仍然率领自己的亲兵百余家渡江北上，当船行到江心时，祖逖猛击船桨发誓道："我祖逖如果不能扫清中原敌寇，光复国家，就像这长江，一去不回！"他慷慨激昂，神色壮烈，众人见了，都为之慨叹。祖逖造炉炼制兵器，又招募了2000多人，继续北上。

祖逖一向爱护别人，不论是走到哪里，他都有礼貌地对待地位低的人，虽然和他们交往不多，但他都以恩德礼貌相待。因此，黄河以南都成了晋朝的疆土。

黄河沿岸坞堡的坞主因为把自己的子弟派往对方作人质，只好都为双方做事。这时，他们派游动部队假装攻袭祖逖，用以向对方表明他们没有归降晋军。祖逖理解他们的处境，并未歧视他们。这些坞主们感激尊崇祖逖，敌军中有什么特别计划，他们就把知道的密报给祖逖。

由于有了这些人的帮助，祖逖了解了敌人的动态，打起仗来知己知彼，所以先后收复多数失地，缴获大量的战利品。祖逖论功行赏，对于这些坞主们，哪怕只有一点小小的功劳，祖逖都给予赏赐，而且不超过当天。

祖逖自身非常勤俭，鼓励和督促发展农业，他严格约束自己，尽力帮助别人．从不为自己积聚财富。他要求手下的子弟们都在田里干活，打柴草也自己背负肩挑。如果死了人，有丧葬之事，他为之洒酒祭奠，百姓们非常感激他，爱戴他。

老百姓们曾经摆酒宴请祖逖他们共饮，父老们饮至中席，不觉流着热泪说："我们都老了，想不到重又做了晋朝的百姓，死了也没有什么怨恨的了！"于是作歌唱道："幸运啊，被遗弃的百姓免遭俘虏，日月星辰觉得更明亮，是因为我们遇到了慈父。一杯水酒忘劳苦，甜美如瓜脯，何以歌唱慈父恩，让我们唱歌又跳舞。"

祖逖就是这样深得人心。他的朋友在给亲友的书信中，一致盛赞祖逖

的威望和品德。祖逖作为一个胸怀远大抱负的爱国者，他团结爱人，即使是为生计所迫，沦为盗贼的人，祖逖也想法解救并团结教育他们，以至祖逖起事光复失地时，各地军民望风归附。

# 唐太宗吞蝗

> 当为天下养身，不当天下惜身。
>
> ——陈宏谋

唐朝初年，关中地区（今陕西省中部渭河平原）蝗虫成灾。蝗虫铺天盖地，黑压压一片，农民的大片庄稼被吃光。农民看在眼里，急在心里，眼看来年就得挨饿，却一点儿办法都没有。

一天，唐太宗皇帝在花园里散步，看见许多蝗虫，便问身边的大臣："花园里为何有这么多蝗虫？"

一位大臣说："现在关中地区正闹蝗灾。"

唐太宗又问："灾情如何？"

大臣回答说："灾情很严重，很多地方庄稼已被吃光。"

唐太宗十分伤心地说："百姓是靠五谷为生，蝗虫把庄稼吃光了，我身为一国之君，百姓挨饿，我如何面对天下人呢？"

说着唐太宗顺手抓住一只蝗虫扔进嘴里吞了下去。他对身边的大臣说："就让蝗虫吃我吧，我要为百姓承受灾难。"然后下令："赶紧运粮到关中，救济百姓。"

很快，一大批粮食运到关中，饥饿的百姓手捧着粮食面向长安高呼："皇帝万岁。"

唐太宗李世民青年时期，随父亲李渊南征北战，非常了解百姓的疾苦，自己做了皇帝之后，十分关心百姓的生活，广施仁政。他常对大臣们说："隋朝灭亡的原因是隋朝皇帝对百姓剥削太重，百姓被迫起来反抗，所以统治者一定要爱护人民，对人民要施行仁政，只有这样社会才可能稳定，人民才能安居乐业。"

他把百姓比作水，把统治者比作船，形象地说"水能载舟，亦能覆舟"。

唐太宗不仅这样说，而且也是这样做的。

有一次，他阅读《明堂针灸书》，这是一本讲如何医治疾病的书。书中写道："人体内的五脏，都附在人的脊背上。"当时有一种刑罚，用皮鞭抽打犯人的脊背。唐太宗读后，联想到这种刑罚，感慨地说："既然人的五脏附在背上，用皮鞭抽打人，怎能忍受得了，这种刑罚一定要废除。"于是他下令废除了这种刑罚。

唐朝初年，由于黄河多年未修，经常决堤。有一年，黄河遇上了几十年未遇的大水，多处决堤，水到之处，良田被毁，房屋被淹，百姓死伤无数。

唐太宗巡视灾区，看到茫茫大水飘着的死尸，伤心地掉下了眼泪。他对身边的大臣说："这是我的过错啊！我对不起天下的百姓，如果这被淹死的人是我的亲属，我……"

他再也说不下去了。唐太宗的船驶到一座山边，山上有许多避难的百姓。他下了船，告诉百姓："朕会帮助你们渡过难关的。"

船继续行驶，突然前方有一条小船上传来小孩的哭声，眼看着小船就要被浪冲翻，太宗传令速去救小船上的人。这条小船上只有一个10来岁的小孩儿，唐太宗抚摸着小孩，问他："你父母呢？怎么只有你一个人在船上？"

小孩说："我的父母被大水冲走了，他们先把我放在了这条小船上。"

唐太宗眼中噙着眼泪，紧紧地揽着这个孤苦的小孩。

唐太宗回到长安之后，拨了大批粮食到灾区，而且也征调了大批军队去修黄河大堤，百姓无不由衷地感谢太宗。这样没过多少年，唐朝国力蒸

蒸日上，人口渐渐增多，社会稳定，商业发达。后人因太宗年号"贞观"，所以把他的统治称作"贞观之治"。

唐太宗处处为百姓着想，为民谋福，解民之难，所以才会得到百姓的支持，使唐朝成为中国历史上继汉朝之后又一个强盛的时代。

## 姚崇灭蝗

> 君子之仕也，行其义也。
>
> ——孔子

唐玄宗时期，天下时常闹灾荒。山东的蝗虫闹得最凶，拇指大的蝗虫成群结队，飞起来遮天蔽日，黑压压的一片；落在了老百姓的庄稼地上，密密麻麻的，顷刻之间，庄稼就会被蝗虫啃食殆（dài）尽。老百姓拿蝗虫一点办法都没有，每次只好眼睁睁地看着自己辛辛苦苦种的庄稼去喂了蝗虫。地方官多是冬烘先生，相信谣传，说什么蝗虫是神虫，不能捕杀。还组织老百姓烧香叩头，祈求上天保佑，收回神虫。上天根本不吃这一套，照样年年"降"蝗灾。

到了公元716年，山东有些地方的蝗虫空前地肆（sì）虐，蝗虫飞过的地方，片叶不留。老百姓只好吃草根和树皮，挖观音土果腹。

当时在朝廷里做宰相的是唐玄宗提拔重用的姚崇，他得到了山东闹蝗灾的报告后，非常重视，立即下令当地的官员们带领老百姓开展灭蝗。为了使灭蝗能够顺利地进行，姚崇还派了御史到山东去督促灭蝗，并带去了一些灭蝗的方法。但是姚崇的计划遇到了意想不到的阻力，一些地方官员们把宰相姚崇的命令当成了耳边风，至于那些派下去的御史更是没有被放在眼里。

有一个名叫倪（ní）若水的地方官公开拒绝御史的督促和检查，他居然直接给姚崇写了一封信，信中说："蝗虫是神虫，不是人力能够消灭的。皇上应该多做一些有德行的事，这样才能真正感动上苍，上苍就可以把蝗虫收回去。"姚崇看了倪若水的信，猛地扔在了桌子上，说："这不是明摆着要违抗命令拒不灭蝗吗？"他马上给倪若水写了回信说："要是多做有德行的事就能消灭蝗灾，那么你管的地方蝗灾那么多，难道说你是一个没有德行的人吗？你眼看庄稼被蝗虫吃掉，竟忍心不救，将来闹成饥荒，你怎么办？"姚崇还针对有些地方官员散布的"杀虫太多，就会降灾"的流言蜚（fēi）语气愤地说："要是灭蝗会招来灾祸，我姚崇一个人承担就是了！"为了消除老百姓灭蝗的顾虑，姚崇还派手下的人到灾区去做生吃蝗虫的表演。

由于姚崇积极采取灭蝗的措施，有效地遏止了蝗虫的蔓延，山东地方避免了一场大的灾荒。

## 李皋开仓济灾民

> 修己以敬以修己以安人…修己以安百姓。
>
> ——孔子

在我国古代，皇帝贵为天子，拥有至高无上的权力，就连他说的话都是"金口玉言"，不可违抗，如同法律一般。

在这样的社会中，尽管谈不上拥有法治，但一些相关的规定还是非常严格，这样的规定不能触犯，更不能违反。

在当时，官员遇到重大事件，没有及时报请上司或是没有得到上司的

批准，便自作主张擅自处理，往往会落得个"专擅"的罪名。要是恰巧遇到需要皇帝批准才能办理的事，那就更加麻烦了。这种情况需要等待皇帝下达"圣旨"，才能依旨行事。如果先行处理，往往会惹来杀身之祸。唐肃宗时期，有这样一个为救民于水火，不怕杀头，擅贷赈灾粮的好官，他就是当时深受百姓爱戴的父母官李皋。

李皋，字子兰，是唐朝皇室的后裔。他的祖父就死在武则天的手中，家里的壮年人统统被诛杀，小孩子也都被卖为奴。唐中宗以后，李皋家的爵位才得以恢复。

安史之乱以来，温州屡遭战乱，百姓家中均无隔夜之粮，百姓生活苦不堪言。李皋正是在这时候来到了温州任上，任温州长史，因为他措施得力，将温州境内管理得井井有条，没有多久就监管全州的政事。

李皋上任之初，温州境内出现少见的旱灾，情况十分严重，导致李皋所辖境内颗粒无收，一时间粮价暴涨，一斗米要卖数千钱。饥民们纷纷奔走相告，四处求粮而终无结果，眼看着有不少人饿死街头。但百姓们却不知道温州官府的粮仓里却存有数十万石粮食。但是李皋还在赴任的路上，谁敢轻易开仓放粮。

常言说的好，"多一事不如少一事"，怎样救济灾民是李皋的事情，在李皋没有到任之前，谁都不能轻易插手此事，更何况没有朝廷的旨意就开仓放粮，是要掉脑袋的，谁都承担不起这样的罪名。

李皋还未到任，便遇到这样棘手的事情，心急如焚。眼看着饥民饿死路旁，李皋顾不得多想，日夜兼程赶到州府衙门。

李皋带着满身的疲惫，顾不得换下满是尘土的衣服，直奔粮仓，砸开门锁，开仓放粮。他告诉手下人把仓门拓宽，开仓把粮食贷给饥饿的百姓。

听了李皋的话，手下的官员不由得惊出一身冷汗。他们深知此事非同小可，恐怕要惹来杀身之祸，于是纷纷劝李皋先奏报朝廷，再开仓发赈济粮。皇帝的旨意一下，开仓放粮就是顺理成章的事情了，但没有旨意，私自放粮就是死罪。

李皋看着跪在自己面前的官员，又回想起沿途饿死的百姓，含泪说道：

"看看这境内的百姓吧，再不开仓放粮，就会有更多的人饿死，诸位于心何忍，人命关天的大事，如何等得？"李皋愤然脱去身上的官服，接着说道："倘若杀了我李皋一人，能救活成千上万的百姓，李皋宁愿一死，以谢百姓！"官员们被李皋的话语所感动，和李皋一起开仓放粮。

事情处理妥当后，李皋马上上报朝廷请求处罚。得知此事的唐肃宗并没有治李皋的罪，反而嘉奖了他。由于李皋的措施得力，及时赈济饥民，挽救了数十万人的生命。

这样的事，在李皋的身上有很多，救民安民是李皋为官之根本。

唐贞元初年，李皋任江陵尹时，汉水古堤因为年久失修，紧靠古堤的两大片土地经常遭灾，导致田地荒芜，无人垦种。得知此事的李皋，组织百姓修堵古堤，重新得到了良田 5000 顷。为了使这片良田有人耕种，他允许流民自占田地，又在江南废州上盖起房舍，使得有 2000 余家百姓安居在此。

李皋虽身为皇族，但却深知百姓的疾苦，这与他的生活经历有着直接的关系。李皋体察民情，救民于水火的精神为后人所传颂。

## 周世宗熔化铜佛

博爱之谓仁，行而宜之谓义——

(唐) 韩愈

1000 多年前的后周出了一个很有作为的皇帝周世宗，他的名字叫柴荣。他登基的时候，中国的大地上四分五裂，许多小国家同时并存，战争连年不断。人民生活在水深火热之中，精神上非常痛苦。为了摆脱世俗的苦恼，

许多人在佛教里寻求解脱，于是，信仰佛教的人越来越多。一时间，全国各地大兴土木，建造佛像、佛寺、佛塔。本来就贫苦不堪的老百姓又多了一项负担。但他们希望从佛教的信奉中获得安慰。

周世宗虽然生在深宫，长在深宫，又做了一国的皇帝，但他非常体恤下情。他想："四海刚刚平静一点，老百姓正要休养生息，现在兴起信佛之风，岂不是让老百姓的苦日子雪上加霜吗？我作为一国之主，一定要扭转这种不良之风。"

于是，周世宗让朝臣起草了一道法令："鉴于大兴土木，建造佛像、佛寺等耗尽民膏，禁止再造寺庙、铜佛；原有的佛像，除少数留作祭祀外，其余的统统烧化。违者重惩！"法令张贴出去之后，周世宗立即命令各地的官员将所在地方寺庙中的一座座金光闪耀的铜佛用炉子熔化。

面对这突然而来的法令，许多老百姓非常生气，特别是看到自己平时供拜的一座座大佛被大火熔化掉，心里很不理解。有的人气愤地说："我们老百姓信教，关皇上什么事。这点精神信仰皇帝都要夺走，我们以后怎么活啊？"

老百姓的怨言传到了皇宫，一些大臣心中感到很不安，就对周世宗说："自从化佛的告示张贴出去之后，现在老百姓议论纷纷，都对化佛的举措不满。长此以往，恐生变故。既然老百姓喜欢佛像，就让他们去供奉好了，何苦让大家怨恨皇上呢？"

周世宗听了大臣们的话，还是没有改变原先的主张，他坚定地说："老百姓信仰佛教，不过是要佛祖保佑他们过上好日子。我们要老百姓化掉佛像，为的就是禁止财富的浪费，让老百姓过上好日子，这正合了佛祖的本意，有什么不好呢？再说如果全国佛寺林立，香烟缭绕，人力物力都耗在了寺庙，老百姓日子没法过了，天下的安定不就成了一句空话了吗！现在，老百姓虽然一时不理解，但时间长了，就会知道我们的用意的。"在旁的大臣们都被周世宗的一席话说得服服帖帖。

不久，周世宗的话传到了民间，老百姓终于理解了周世宗的一片苦心。熔化铜佛的活动很快在全国顺利进行。老百姓的日子的确也慢慢好起来了。

# 百姓之友苏轼

古之立大事者，不惟有超世之才，亦必有坚忍不拔之志。

—— （北宋）苏轼

苏轼，字子瞻，宋仁宗景祐三年（1036）生于四川眉山。

熙宁七年（1074），苏轼自杭州移到密州（今山东诸城）作官，这里没有杭州的美丽山水，也没有京城的车马喧哗，这里是寂寞的小城。天气大旱，蝗虫成灾。蝗虫飞来时，上遮日月，下掩草木，所过之处，一片荒芜。家里没有粮食，老百姓在死亡线上挣扎。

苏轼到任，看到这种现象，非常着急，他全力以赴。一方面筹措粮食，发放给灾民，专门收养贫苦百姓的弃儿；另一方面，组织人民积极抗灾自救，亲自率领密州人民以火烧、泥埋等各种办法消灭"布阵横空"的蝗虫，发粮食奖励捕蝗有功的人。同时在灾后积极发展生产，使老百姓能够安心过日子。

密州素来盗贼多，郡县中有多抢劫老百姓财产的，掠走老百姓家女孩的，弄得人心惶惶。苏轼调查出首恶分子，杀一儆百，密州的社会治安才有了好转。

熙宁九年（1076），苏轼改任徐州。翌年8月，徐州地区猛降暴雨，昼夜不止。黄河决口，淹了45个县，30万顷良田一片汪洋。8月底，洪峰抵达徐州城下，水深2丈8尺，高出城近1丈1尺。站在城墙高处，只看见向水茫茫。死在山坡上，树上的人很多，令人看了心惊肉跳。

城中有钱人家，觉得末日快要到了，于是带着金银财宝争着往外跑，

出城躲避水灾。一时间徐州鸡飞狗叫，人群东奔西撞，乱成一片。

可是，苏轼却镇静自若，动员人民起来抗洪抢险，不得惊扰逃避。

苏轼首先下令把有钱的大户人家全部赶入城中，张榜通衢要道，告诫全体人民，只要苏轼在，水决不能冲垮徐州城苏轼决心与徐州共存亡。

苏轼又屡屡策杖，亲自到徐州军营，动员官兵："河水将吞没徐州城，事情非常紧急，全体官兵应为我尽力。"驻军将士见苏轼泥浆满身，不辞劳苦地组织防洪，大为感动。全都争先恐后地拿起工具，修筑东南长堤，阻挡洪水。

这时，天空又是乌云翻滚，连降两天暴雨，河水猛涨，眼看徐州就要城毁人亡了。

苏轼临危不乱，整夜不回家，指挥徐州军民日夜筑堤护堤，分头堵水，哪里最危险，苏轼就出现在哪里。

终于，云开雨霁，大水开始消退。徐州保住了，千千万万徐州人民生命财产保住了。徐州人民弹冠相庆，苏轼也高兴万分。

为了防止洪水再来，苏轼调拨粮米，募集民夫，修筑堤防。在筑堤过程中，苏轼躬执畚锸，身先仆隶。不久，堤坝筑成了，苏轼建筑黄楼纪念。

徐州地处黄淮平原，无山水之饶。柴薪奇缺，是徐州人民生活中一大问题。经常看到买不到柴的现象。

当地柴贵得出奇，穷苦的老百姓常常因为没有柴烧而发愁。

苏轼为了解决老百姓炊饮之难，派人去找煤，终于在徐州城西南白土镇找到了煤。这里煤层厚，质量好，开发容易。

这一发现，使徐州人民"万人鼓舞千人看"，非常高兴。这不仅为当时百姓解决了困难，也造福于后代。

苏轼一生，仕途多舛，屡遭驱逐。他了解人民，深感人民疾苦和统治的昏暗，所以他终生锐意改革进取。他除弊兴利，发展生产，深得人民热爱。

# 姚少师放粮

> 有君子之道四焉：其行己也恭，其事上也敬，其养民也惠，其使民也义。
>
> ——孔子

姚广孝，幼名天禧，少年出家为僧，法名道衍，字斯道，苏州府长洲（今苏州市）人。

洪武十五年（1382）姚广孝以高僧被召，随燕王朱棣赴北平（今北京），从此成为燕王朱棣的亲信谋士，帮助燕王发动"靖难"之役，夺位登极，名列"靖难"第一功臣。但因他的出家人身份，初未还俗，只任僧录司左善世，掌管佛教事务。

永乐二年4月，明成祖朱棣特下诏谕，赐敕他为太子少师，为其复姚姓，赐名广孝，从此，他才由道衍和尚，一变而为太子少师姚广孝。

明永乐二年（1404）5月，浓墨般的乌云伴着滚滚的雷声遮盖了江南水乡，随着便是瓢泼大雨从天空倾泻下来，转眼之间，水天浑为一色，一切都被笼罩在大雨之中。

雨一天天不停地下着，乌云仿佛被定在了空中，尽情地发泄着自己的不满。躲在村舍中的人们骇然无措了，他们纷纷跑出家门，来到田间，望着一片汪洋，望着黑沉沉的天空，不由感到一阵恐惧——一场灾难来临了。

明朝嘉靖年间修的《吴江县志》中，把这场水灾记到了《灾异》类中：永乐二年5月大雨，田禾尽没。儿女辈呼父母索食。男妇壮者，相率以糠杂菱、荚、藻、荇食之。老幼人城行乞，实在没有活命办法的，只有投河

自尽。

这场大水灾波及苏、松、嘉、湖、杭五府,这五府正是江南最富庶的产粮区。

6月,朝廷得到地方官府的灾情报告,明成祖立即决定对灾区开仓赈济。在下诏赈灾的同时,他考虑选派一名得力的官员前往灾区主持赈济之事,而他几乎毫不犹豫地选定了新任的太子少师姚广孝。

得到成祖的诏令,姚广孝立即动身,回到了阔别20余年的故乡。一个当年托钵的游僧,如今却是衣锦还乡的钦差大臣。但是,昨天他"威声赫赫,车徒甚盛"奉旨离京,今日看到的却是故乡水灾的惨景。望着那些垂死挣扎的灾民和到处可见的弃尸,他震惊了。这次回乡对姚广孝来说,绝不仅仅是荣耀,更重要的是一份责任。

从苏州到松江(今属上海),从杭州到嘉兴,姚广孝奔走于各府县之间。他要督促各地官府开仓发米,赈济灾民,帮助他们渡灾,还要同地方官员核计免税。对于如实报灾,认真赈济的地方官员,姚广孝给予表彰支持;对于以淹报稔,一味催办租赋的地方官员,姚广孝查实后均予责罚。

这位70高龄的老人,不顾大雨过后夏日的炎热蒸晒,把自己的全部身心都投入到这场救灾工作之中。在姚广孝的主持下,各府县开仓放粮,并且免去了当地田赋60万石,在一定程度上缓解了灾民们的负担。

救灾工作之暇,姚广孝喜欢穿上一袭旧袈裟,去访寻乡里故旧亲友,并把成祖赏赐的金帛分赠给他们。他那在贫困中度过一生的父母均已亡故,因为家贫没有墓地,连遗骨和坟墓都不曾留下,姚广孝想祭扫一下也已不可能,他只好请人制作了父母的灵位,放进了少年时出家为僧的妙智庵中。

姚广孝徒步走到故友王宾家中,两位老朋友见面,有说不完的话。王宾为此专门撰写了《赈灾记》,颂扬了姚广孝为民放粮的功德。

这位身居高位的功臣,在家乡父老面前,依然是往日的僧人,他下令将数以万石计的粮食分赈乡民,自己却经常只是吃些身边带的干粮。百姓忘不掉姚广孝的功德,尽管后来有人出于对他帮助明成祖夺位不满,造谣诬蔑他,但是苏州人民还是为他建造了祠堂,树碑立传,作为永久的纪念。

# 徐九思巧施救济

> 为民父母不可不知其味，为吾赤子不可令有菜色。
>
> —— （明）徐九思

徐九思，字子慎，江西贵溪人，为明朝孝宗、武宗、世宗、穆宗、神宗五代老臣。虽一生官职不高，但深受百姓爱戴。

明朝嘉靖年间，初任句容县知县的徐九思已经 40 岁了。在担任知县期间，因为他做了许多利民的好事，深受句容县百姓的拥护。

徐九思任知县时，深知百姓的苦衷，他懂得要想使百姓日子好过，必须从根本上解决问题，而首先就是要减轻他们的负担。为了避免县吏们徇私舞弊，县里的大小事务，都由他亲自处理。他的举动自然引起了一些县吏的不满，但他身后有句容县众多百姓的支持，谁都拿他没有办法。或许正是这个原因，徐九思尽管为五朝元老，但是他从未被人重用过。

徐九思心系百姓，处处为民着想，同时他的为官理念也常常影响着手下的官员。在他的带领下，官吏们开始注重民生，体察百姓疾苦。

徐九思勤于政务，重视劳动生产。为了平衡税赋徭役，从调查情况，到落实任务，他都亲历亲为。他对那些单身的穷苦农民特别关心，对当地的那些地痞无赖们则毫不手软。一向节俭的徐九思节省日常办公费用，采石块铺路面，使来往行人得到方便。徐九思还根据县里旧有档案，把仍存在官府里的农民卖盐后的盐引钱还给了农民。

倘若遇上灾年，谷价大涨。巡抚拿出仓中积谷数百石，让县里"平价"卖出，而粮款要还于官府。

徐九思时常嘱咐手下的官员："能够买得起粮食吃的，都是富豪人家，现在的贫民就是平价也买不起了。"

于是，把救济粮拿出一半，以高价卖出，剩下一半的粮食用来煮粥，分给饥民。距县城较远的山区的穷人，可到附近富人家取粮，县里替他们付款，这样一来使很多穷人在灾荒之年活下来。

徐九思的居室中挂着一幅《青菜图》，其旁书有"为民父母不可不知其味，为吾赤子不可令有菜色。"的字样，意在提醒自己，时刻把百姓疾苦挂在心中。

朝廷规定地方粮簿上有一笔注明可供地方官开支的例金。当时地方官员以招待过路官员作为一种重要的社交手段，利用公款宴请、送礼。这笔例金，徐九思却分文不取，后来自行规定取消了这笔开销。

徐九思一心忙于政务，不畏惧权贵，凡事秉公办理，敢于直言。曾经因得罪府尹和中丞，被贬调离句容县。

"父老乡亲数千拥而入见中丞，称公贤"。后经吏部尚书干预，才得以留任。升迁调入京城后，仍以国家安危，百姓疾苦为重。后来徐九思遭人陷害罢官。回到家乡后，他兴办义学，布施赈济，招抚流民，兴修水利，依然不改利民的初衷。

徐九思，一位明朝官吏，对不良的官场习气，敢于在一定程度上进行对抗。他从劳动生产中解决百姓的生存问题，使济困变成了解困，真正的让百姓自食其力，让他们懂得只有靠自己勤劳的双手才会有美好的未来。

# 李充嗣慎理饥民

> 仁者不忧，知者不惑，勇者不惧。
>
> ——孔子

李充嗣，字士修，内江人。明成化二十三年进士，弘治初授户部主事。正德九年，因"治行卓异"升右副都御史，巡抚河南。

当李充嗣来到河南任上的时候，由于河南又遇灾荒，上万灾民从四面八方汇集而来。面对众多的灾民，开封府官员准备把他们驱赶回去，使他们到本县去接受救济。而李充嗣认为这样做不妥，他说："这些饥民已经饿到支撑不起来的程度，怎么能让他们爬回本县？过去有人说过，设粥来赈济饥民不是好办法，硬把他们驱赶走，让他们饿死于路上，我实在不忍心，也不能这样做。"

李充嗣的话很有道理，而且充满了人情味。但是，开封府的一些官员听了李充嗣的话，却直撇嘴，认为李充嗣不过是卖弄，有些人巴望着看他的笑话！

救灾如救火，饥饿的灾民吃不上饭，随时都有被饿死的危险。救济饥民，刻不容缓。李充嗣想到这里，立刻召集官员，很快做出了具体安排。

李充嗣命令在四个城门附近即刻设置几十口大锅，并挑选勤快能干的吏员负责，每天熬粥供给这些饥民吃。"就这个办法？"在一边瞧热闹的官员背地里嘀咕，以为李充嗣也不过是"耗子尾巴上长疮——能水不大"。风

凉话刮到李充嗣的耳朵里，他只是付诸一笑，因为他很清楚像这样的话不听也罢。

可是，10天过去，一些喝了粥的年轻力壮人的体力逐渐得到了恢复，李充嗣心里有底了，以为应该实施他的第二步措施了。

李充嗣在舍粥官员中挑选表现好的，负责给先返乡的青壮年发放粮食。李充嗣知道，这时给老百姓发粮食，比发放金子还要重要，因此，必须选择最忠实可靠的人去做，才能确保万无一失，使真正的灾民得到足够返乡的粮食，以免在路上饿死。

给返乡的灾民发放口粮的工作紧张有序地进行，说风凉话的官员，又传出了新的说法，舍粥自然是善事，可是，舍到何年何月是个头呢？得到粮食的灾民是被打发回家了，可是，那些老弱病残的饥民，却一时不肯离去。那风凉话的源头，就在这里。李充嗣对于这些闲言碎语，并不觉得异样，因为他懂得，工作只有做彻底，才能使那些讲怪话的人彻底闭嘴。

李充嗣告诫负责舍粥的官员，切不可懈怠，要继续做好舍粥工作。又过了一个月多，那些老弱病残的灾民，也能自如走动了，李充嗣才把他们遣送回家。由于李充嗣采取了得力的救济措施，使数以万计的饥民获得了新生。

在突发事件到来的时候，李充嗣镇定自若，顶住来自各方面的压力，从实际出发，从穷苦老百姓的利益出发，采取切实可行的措施，使救济饥民的工作得以顺利进行。李充嗣的做法，对于今天的人们说来，仍有一定的启发与教益。

# 许季觉倡议救饥民

> 君子坦荡荡，小人长戚戚。
>
> ——孔子

许季觉，清代浙江海宁人。在海宁，至今流传着许季觉救饥民的感人故事。

清朝顺治年间，浙江海宁县连年遭灾，饥民流离载道，没有人给予救济。海宁县平民许季觉对此深感忧虑，他认为灾荒这么严重，官府应该救济灾民。

于是，许季觉给官府写信，用非常激烈的言辞恳求官府迅速采取措施。

但是，许季觉的信，如同石沉大海，杳无回音。怎么回事？县衙门也不大，只要衙门正门开着，站在当街上，一眼就能看到里头，对于救济灾民这么大的事情，怎么会没有任何反应呢？许季觉在心里嘀咕，没有想出答案。

许季觉打定了主意，要找县官当面理论。

那是一个阴云密布的下午，雷声隆隆，眼看就要下雨了，许季觉怕手中的信被雨水打湿，便把它揣在怀中，放在自己的心口上。他一路往县衙来，见衙门的正门开着，但里边却没有任何动静，给人死气沉沉的感觉。

见到这样的情形，许季觉心里想，就这样不肯主动为老百姓做主的衙门，早该寿终正寝了。他心里这样想，却赶紧把自己的嘴堵住，他知道自己有嘴对心的毛病，见了不平的事情，就要说。如今，不是泄愤而后快的时候，有多少快被饿死的饥民等着救济呢。想到这里，许季觉加快了脚步，直奔衙门而来。他走进门来，有人从门房里跑出来，把他叫住了，问他干什么，他见那人贼眉鼠眼，根本就不可能是好人，却是衙门看门的。许季觉对他说，我是本县平民，叫许季觉，是来送信的。

31

看门人听说他就是许季觉，脸上掠过一丝奸笑，对他说："你的信，我们老爷已经收到了，我们老爷说了，他公事繁忙，还请多多见谅。"

听看门人这么说，许季觉火气顿时涌上心头，他问看门人："你们老爷的公事，不就是刮地皮，勒索百姓，过着养尊处优的生活吗？"

"你怎么说话呢？我们老爷真的没看错你，实话告诉你，我们老爷说了，他就是不爱听你说话，还写什么为民请命的信，老爷不为民做主，要老爷干什么？还用得着你来操心？我们老爷说了，他根本就不管救济的事儿。你赶快给我出去。"说着，就把许季觉推了出来，反手就把大门插上了。

这时，炸雷与闪电一起向大地袭来，大雨瓢泼似的下了起来。许季觉心想，像这样的衙门，老天爷怎么不摧毁它！

连县衙的门都进不去的许季觉，还能指望官府给老百姓救济吗？这时，许季觉猛然顿悟，这件事情，只有靠自己想办法解决了。一夜没合眼的许季觉终于打好了主意，从现在开始，他要做真正的"公事"了，他要当事实上的"县官"了。

许季觉的"公事"，是从调查摸底入手的。海宁县究竟有多少大姓人家，他们究竟有多少积蓄，他把这些情况一一调查清楚。然后，他按每一个大户的积蓄规定应出多少救济粮。他把这些情况写成一张大榜，上边开列大户姓名，以及应捐粮的数量，把它贴在县城里的大街上。

老百姓看了这张榜都很赞成，迫使榜上开列的大户按照要求捐出自己的存粮，这样共得到数万石救济粮。然后，他又对本县饥民情况进行了调查。哪一村遭了灾，灾民户主的年龄、容貌，该户人口数等情况都进行了登记。

接着，许季觉通知灾民，按规定日期去本县城隍庙领取救济粮。领粮时，他根据预先调查的情况，按顺序发放，每户灾民都得到了自己应得的救济。受过救济的农民都非常感激许季觉，一旦许季觉从他们那里经过，农民必定扶老携幼排列道旁，手里拿着长香向他拜谢。当地人都说："许公救了我们的命啊！"每听到老百姓对自己的赞颂，许季觉总是觉得天是晴朗的，哪怕正是霹雷闪电的时候，他的心里，依旧十分坦然。

# 张吉安赈灾安民

士不可不弘毅，任重而道远。仁以为己任，不亦重乎？死而后已，不亦远乎？

——孔子

地方官遇到灾荒之年，往往有两种态度：一种是积极救助灾民，主要以安抚为主；一种是回避，能躲多远就躲多远，为的是能够保住头上的那顶乌纱帽。

清朝的乾、嘉年间，"当时吏治积弊，有南漕北赈之说"。当时南方是供应漕粮的基地，而北方急需粮食赈济灾民。由于"南利在漕"，所以很多的南省官员都会找出很多的理由或者是借口加以搪塞，有灾不救，置灾民于水火之中。但有一位知县却是例外，他就是力除民瘼的张吉安。

张吉安，字迪民，江苏吴县人。乾隆四十二年（1777）中举，乾隆六十年（1795）任大挑知县。张吉安上任以后，十分关心百姓疾苦，尤其注重民心向背。

嘉庆四年（1799），张吉安被任命为新城知县。新城是漕粮重要的输出地，但因为远离河道，新城离官仓的所在地省城又很远，导致百姓需要按时纳赋时很困难，张吉安便采取集中收粮的办法，彻底解决了百姓不能及时纳赋的问题。为此，百姓无不拍手叫好。

张吉安处处为百姓着想，深得上司的赏识，嘉庆五年，张吉安被派到了永康接着当他的知县。这一年夏天，永康遭受了特大水灾，百姓的生活陷入了极度的困苦之中。按照惯例，凡是遇到大灾之年，各级官员必须逐级请示，上报解决救助灾民的办法，经过逐级的审核后才能最后实施。这

样一来，往往请示与批复的时间过长，就会出现有灾不敢救，能救也不救的局面来。

张吉安面对如此严重的水灾，看着数以万计的灾民无家可归，张吉安心急如焚，他顾不得向上司请示处理办法，立即赶到灾区现场指挥救灾。他组织人为灾民搭起了帐篷，算作是临时的住处，使得很多的灾民暂时有了栖身之所。张吉安还采取了一些行之有效的措施，稳定当地灾民的情绪。他发动人员组织救助被大水围困的百姓，可以先用船给这些人送去可以食用的东西，暂时解决他们的温饱问题；对那些溺水身亡的人，妥善处理他们的后事，让还活着的人心里稍有安慰。

张吉安向巡道请示，希望能再拨钱粮赈济灾民，以解决灾民的实际问题。恰好，巡道正有一肚子的火没出撒呢，张吉安成了他最好的发泄工具。因为张吉安没有按时向巡道报告灾区情况，弄得巡道很被动，被上司狠批了一顿。这个时候，就算张吉安说再多的好话，也不会起作用，更何况还是伸手要钱的事情。巡道以"偏灾向不查办"为言，拒绝再拨钱粮。张吉安实在没有了办法，搬出了巡抚大人阮元，向他陈述了灾民的生活状况，张吉安的话人情人理，终于说动了巡抚阮元。张吉安的请求终于获得了批准，拨下的赈灾粮及房屋修补费很快分发的灾民手中，灾民们无不感激地落下泪来。

一晃两年过去了，水灾对生活的影响刚刚有所好转，又出现了大旱，灾情最为严重的要数丽水县。巡抚阮元知道张吉安体恤百姓，真正为百姓着想，所以把他调到丽水县，彻底解决百姓在大灾之年的实际问题。张吉安不负重托，马不停蹄地赶往灾区，全身心地投入到抗旱工作中。丽水县境内山多，地形险要，张吉安看到许多山民到县衙打官司，既费时又耽误农活儿，于是进山住在到寺院里处理诉讼案件，经过几个月的努力，丽水县的问题解决了。张吉安在浙江10多年，所到之处多为灾区，但他能心系百姓，把解决百姓的疾苦放在第一位，使得百姓安然度过大灾之年。张吉安去世之后，有许多百姓不惧路途遥远，前来吊唁，为的是能送送这位救百姓于危难的好官。永康县的百姓为他修建祠堂，以示纪念。随后，余姚、新城、丽水等地也建祠纪念。

张吉安与那些在灾荒之年知情不报，或是侵吞赈济钱粮的贪官相比，张吉官的确是一个难得的好官。

# 王鼎一心为民

乐民之乐者，民亦乐其乐；忧民之忧者，民亦忧其忧。

——孟子

王鼎，字定九，陕西蒲城人。他在宦海奔波一生，为人正直，一心为公，忧国忧民，为民解困，做了不少好事。王鼎在任军机大臣期间，多次奉清朝皇帝之命外出查办疑难案件。几十年间，他共历九省，办大小案 40 余起。每案他都酌情审理，秉公执法，"判断明允"，并惩处贪官污吏。

1841 年夏天，黄河从河南开封附近的祥符决口，王鼎受命治理黄河。当时，祸水横流，奔腾不羁。一些昏庸的官吏，竟置人民的死活而不顾，认为燃眉之急不是堵口治河，而是先迁省城以避水祸。王鼎听说以后，非常气愤。他慷慨陈词，力排众议，并积极采取措施，保守危城。此时，开封城下，四面被水，颇有旦夕颓圮之危。74 岁的王鼎亲率官吏，日夜巡护城池，终保危城无恙。堵河工程开始后，他又不畏艰辛，驻扎在工地，和民役一道露饮星宿。他晚上操劳经常通宵达旦，白天疲倦时就躺在轿子中休息片刻。治河 6 个月之久，很少返回省城行馆就寝。在王鼎的督察指挥下，堵河工程终于按期竣工。

鸦片战争中，抗战派报国无门，投降派弹冠相庆。王鼎对此目不忍睹，气愤至极，当着道光皇帝怒斥穆彰阿等卖国，并建议道光皇帝起用林则徐。

但是，道光皇帝置之不理。王鼎积愤难消，不久便关门自草遗书，再度苦谏道光皇帝起用林则徐抗敌保国和谴责穆彰阿误国害民，书毕，置遗书于夹衣衫中，怀着满腔的悲愤，在圆明园寓邸中自缢尸谏。

王鼎去世后，陕西蒲城的绅士、乡亲们，怀着对王鼎的崇敬之情，报陕西巡抚奏请道光皇帝，将他埋在故里。关于王鼎一心为民的事迹，至今还被蒲城人民竞相传颂着。

# 魏源以身贷民保安康

> 人有不为也，而后可以有为。
>
> ——孟子

清道光二十九年（1849）秋，江苏兴化县在大灾之后，水稻却喜获丰收。当地百姓为感激为此做出贡献的知县魏源，特将这年丰收的水稻称为"魏公稻"。

魏源，字默深，湖南邵阳人，近代著名思想家。道光二十九年任兴化县知县。在清代官场中，县官是最难当的。它担负的职责最多、最实际、又最难办，而国家给予县官及僚属的俸禄是很少的。尽管如此，魏源于闱场跋涉30多年后，在52岁时方有所谓正途出身。科场的遭遇，促使他决定要当好百姓的"父母官"。

兴化"于里河地，形如釜底，近高宝、洪泽二湖"。湖水涨，威胁堤防，堤溃则将影响运河漕运，故设南关、中新等五坝，以资宣泄。下河农民种早稻，到秋初湖涨之时，新的粮食也都收获归仓了，坝启水注，与农民当年收获无损。道光末年，官场腐败已经十分严重了，河臣河工平日宴游作乐，贪污河费，不事修缮，致使堤不坚实。一旦湖水上涨，又怕承担溃堤罪责，于是不顾下河七县人民的死活，动辄下令启坝放水。而农民新谷黄穗连云，即将收获，往往被大水冲得干干净净，此灾尤以兴化为甚，致使淮扬大饥，百姓怨声载道。

道光二十九年，洪水来得更早，大雨从农历 4 月 直到 6 月，湖水猛涨，河员催开邮南五坝，刻不容缓。此时禾稻将实，百姓听说又要启坝，个个怨恨，数万人风起云涌，集结堤坝。此时，魏源受任兴化县才 3 天，他首先察看了邮南水势，然后到县接印。

这时，"河帅将启闸"。魏源闻讯，心急如焚，他不能眼睁睁看着百姓即将收获的水稻毁于一旦，于是，找河帅力争，陈述百姓之苦，希望尽力救灾，暂缓启坝，以免操之过急。然而，河帅只顾自己，执意不肯。魏源遂至总督衙门，击鼓求见。他见到总督陆建瀛后，再次为百姓申诉，反复强调不能启闸的理由。陆建瀛为掌握情况，亲往勘查灾情，终于批准了魏源的请求。

魏源在风雨中，奔走呼号，指挥七县农民挑土护堤。随着风雨加剧，堤坝面临决口的危险，情况万分危急，河臣再次提出开坝，魏源顶风冒雨，扑倒在堤上痛哭，如果要开坝放水就让水把他冲走。数万乡民为之感动，全力投入抢险，经过昼夜奋战，终于渡过险关，保住了堤坝。此时，魏源浑身泥水，双眼被风雨激打得赤肿如桃，看到的人没有不感动流泪的。当人们含泪将这位 56 岁的老人用门板从堤上抬下时，陆建瀛见了，也禁不住和泪感叹："精诚所至，金石为开，岂不信然。"人们把魏源抬上船，到兴化码头，闻信前来迎接的士绅百姓，从县衙到码头，路上挤得水泄不通。人们拿着香火、放着鞭炮，欢呼"青天老爷"。千百双手，小心翼翼地托着魏源的轿舆，一直用手抬进县署。士民们又立即送来一块大匾，上书"淮扬保障"四个大字，悬挂在县署正中。是岁大穰，民谓其稻日："魏公稻也。"

后来，魏源在兴化县处理事情极为顺利，凡是"魏老爷"发令要做的事情，无不计日成功。他发动百姓趁冬季水枯之便，疏通河道，沿河堤植

柳，兴修水利。魏源为了永久性地解决启坝问题，他深入调查，亲临第一线，指挥河堤重建工程。保障了兴化县等下河七县人民的安居乐业，人民咸颂其德，匾额楹联，诗词颂赋，云涌而至。其中有："时方浑噩，公已研求。卓彼先觉，如有隐忧。牛刀初试，砥柱中流。淮扬保障，千载寡俦"的话，对魏源的肯定，是贴切的。

在魏源身上，人们似乎可以看到一个用大半生时间求取功名的魏源，看到了一个不怕牺牲、救民于水火的魏源，看到了一个正直的读书人，也看到了一个封建时代基层官员的为民谋福祉的形象。

## 翁同和赈济灾民

> 仁人之所以为事者，必兴天下之利，除天下之害。
>
> ——墨子

1893 年 7 月，北京地区连降暴雨。积水造成了全城严重的交通堵塞，在长安街上，大水已经淹到了行人的膝盖，车辆无法行驶，在天安门内也能听到湍急的水流声。大雨造成了许多民房的倒塌，死伤人数不断上升。到了 7 月中旬，永定河突然决口，洪水在京郊地区泛滥成灾，许多村庄淹没在波涛之中，死伤民众不计其数。

翁同和当时在户部（户部是当时管理全国人口和钱粮的国家机构）任职。他所住的京城东单头条胡同内，墙倒屋漏，十分危险，但他顾不上安顿自己，他心中挂念着京城内外的老百姓。使他感到气愤的是，尽管灾情严重，可许多官员们还在一个劲地筹办慈禧太后的大寿庆典。

一天，朝廷通知他到关防公所议事，讨论慈禧太后庆典经棚牌楼图样，他生气地说："水灾如此严重，你们却还在大兴土木，连老天爷也要警告了！"说完，他便带着一批官员到京郊去了解灾情。他走村串户，劳累奔波了一个多月。在感染严重痢疾的情况下，他挂着拐杖，让侄孙搀扶着涉水前往灾情最重的高碑店、张家湾、海淀、长辛店等地察看。他每到一处，总是先仔细地察看救济灾民的粥厂。有一次，当他看到一个粥厂的粥锅里米粥太稀时，立即指示增加米量。他看到一群群失去亲人、孤苦伶仃的孩子和衣不遮体、头上扎着花白细辫的老人和妇女跪在地上向他叩头呼喊："大老爷，救救我们吧！"平日性格刚强的他，竟止不住流下伤心的泪水。"千里波涛孤枕上，万家饥馑（jǐn）梦魂中"，他深深地感到自己身上的担子有多重。他没有顾上休息，又带着民工前往通州粮仓领米赈（zhèn）济灾民去了。

管理通州粮仓的官员许某，平时管理不善，致使大批仓水霉烂，亏蚀严重。更为恶劣的是，暴雨期间，他不仅不带领老百姓救灾，反而跑回京城操办女儿的婚嫁。由于大雨袭来时粮仓无人看管，致使大部分仓米受潮。许某本人担心被追究责任，在接到朝廷要他拨米赈灾的命令后，居然打算以次充好，趁机将这批受潮变霉的仓米抛出去。

翁同和来到粮仓了解到实情后，极感震惊，他严厉地斥责许某说："你身为管仓人员，擅离职守，致使仓米受淋，该当何罪！你又拿这些腐烂变质的粮食去敷衍老百姓，良心何在？看来你是吃了豹子胆了！"许某生怕丢掉乌纱帽，更怕杀头，连忙改口同意换发粟米、高粱。但粟米和高粱根本不在通州，还要到很远的地方去运来，加上道路被洪水冲垮，交通十分困难。远水解不了近渴，京郊数10万灾民正嗷嗷待哺。时间不容再拖，翁同和情急之下，立即打电报给天津的李鸿章，让李用小火轮将天津的大米火速运到通州，救济灾民。李鸿章接到电报后，连夜派人将大米运来了。由于翁同和的努力，赈济京郊灾民的工作得以顺利进行。

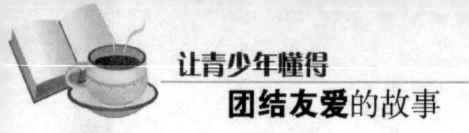

# 林肯解放黑奴

> 　　只要千百万劳动者团结得像一个人一样，跟随本阶级的优秀人物前进，胜利也就有了保证。
>
> 　　　　　　　　　　　　　　　　　　——列宁

　　林肯出身在一个垦荒者的家庭，家庭的贫寒使他有机会较多地接触到社会的下层。他在青年时代曾当过木工、水手、店员，还做过邮电工作。在他当水手的时候，有一次曾经沿着密西西比河向南航行，他站在甲板上，看到了生活在南方的黑人是怎样在白人的皮鞭下生活的情景。有一次，林肯的船到了新奥尔良（在美国的南部，是密西西比河入海的地方），林肯和他的几个同伴一起到岸上去，他们路过奴隶市场时，看到了许许多多的白人和许许多多的黑人，白人们有的手中拿着烧红了的烙（100）铁，有的挥动着滴着鲜血的皮鞭，残酷地折磨和侮辱着那些可怜的黑奴们。有的黑奴被折磨得死过去了。林肯再也看不下去，他对他的同伴们说：“太可耻了，等有一天我有了机会，要彻底地推翻这极不平等的制度，解救这些黑奴！”

　　后来，由于堪萨斯的流血斗争，美国诞生了一个主张废除奴隶制的组织，这就是共和党，林肯也加入了这个组织。在这个组织内，林肯高举着废除奴隶制的旗帜，获得了许多人的支持。1860 年，林肯被推选为共和党的总统候选人。在大选中，林肯大力宣传他的政治主张，许多人都赞成他的意见。大选的结果，林肯获胜，他当上了美国的第 16 任总统。

　　在林肯当选总统之前，美国的政权长期控制在南方种植园主的手中，而种植园主是竭力主张维护奴隶制度的，所以在林肯宣誓就任总统之前，南方的种植园主们就阴谋策划了叛乱。1861 年，南方各州宣布脱离联邦政府，建立了一个新的"美利坚联邦"，他们还推出大种植园主戴维斯当"总统"，并在这年的4月间，不宣而战，向政府军把守的萨姆特要塞进攻。林肯在他刚刚就职的时候，就遇到了这个非常严重的问题，但他主张废除奴隶制度的决心丝毫没有改变，林肯很快宣布了对南方的战争。

在战争的初期，由于林肯还幻想和奴隶主们达成暂时的妥协，以维护国家的统一，南方的叛军，钻了林肯的空子，乘机大举进攻，取得了节节的胜利，差点攻破了首都华盛顿。人们开始对政府不满，喊出了"清除反革命分子"、"立即解放黑奴"、"把土地分给农民"等响亮的口号，这些口号正好打中了林肯政府的要害；与此同时，在南方的黑奴也纷纷逃离，自发地组织起了反抗种植园主的斗争，北方的黑人们也自动地组织起了"解放联盟"。

人民的行动唤醒了林肯，他对大家说："我们在战场上的情况越来越糟，差不多快输完最后一张牌了。现在必须改变策略，否则，全局就得输光。为了这个，我决定采取解放黑人的政策！"

1862年9月22日这一天，林肯主持了内阁会议，他在会议上声音洪亮地宣读他经过多次修改过的《解放黑奴宣言》，宣言说，从1863年1月1日起，所有参加叛乱的各州种植园的奴隶，都被认为是自由人。他们有在陆军和舰队里服兵役的权利。

林肯的这一宣言代表了人民的心声，第二天早晨，在总统官邸（dǐ）的前面站满了前来庆祝的人群。他们奏起了雄壮的乐曲，尽情地歌唱。林肯即兴演讲，他说："现在是全国和全世界对宣言作出判断、采取行动的时候了。战士们正在用他们的鲜血和生命换取这个国家未来的幸福和繁荣昌盛。我希望战士们支持我，和我站在一起！"

1863年1月1日，第二个《解放黑奴宣言》（也就是《最后解放宣言》）正式颁布，人们奔走相告，通宵达旦地举行集会，尽情地唱歌、跳舞，以此表达他们欢乐的感情。这一天，在美国历史上被称作"伟大的日子"。

人民的支持变成了伟大的力量，南北战争的形势很快发生了扭转，1865年4月，南军终于投降了。南北战争被称为继独立战争以后的美国的第二次革命。林肯作为黑人奴隶解放的象征，受到了人们的尊敬。

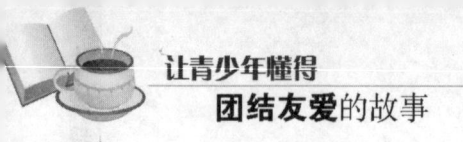

# 关爱部属　顾全大局

## 齐景公欲速不达见深情

> 士有妒友，则贤交不亲，君有妨臣，则贤臣不至。
>
> ——荀况

齐景公（？~前490），名杵臼，春秋时齐国国君，公元前547年~前490年在位。

这一年，齐景公到少海出游。游兴正浓的时候．突然有人从国都赶来报告，说："国相晏婴得了重病。如果国君不能马上回京，恐怕就见不到他了！"景公听了，急得不知所措。半天，才回过神来，命令最好的马车夫韩枢驾着最快的骏马繁驵（zǎng），立即赶回京都。韩枢使出了浑身的节数，繁驵奔驰如飞。顷刻之间，已行了数10里路。然而，景公仍觉得车子太慢。他夺过了韩枢手里的鞭子和缰绳，亲自驾驭起来。嘴里还不住地叨念："晏婴啊晏婴，我的好爱卿，我说什么也得见上你一面！平仲啊平仲（晏婴的字），我的好帮手，我就要赶到你的身边！繁驵啊繁驵，都说你是千里马，原来却是这般模样！像你这样迟缓，什么时候才能见到晏婴！"

其实，繁骝很懂人情，像知道国君的心思，"呼哧"、"呼哧"地喘着，简直不是在跑而是在飞。然而，景公仍感觉它跑得很慢，甚至觉得根本没有前进。景公失态地喊道："下车，下车！"韩枢不知是怎么回事，煞住车子。只见，景公径直向京都方向跑去……

马跑得快呢，还是人跑得快呢？当然是马啊！虽然齐景公像小孩子似的办了"傻"事，欲速则不达；但是，病中的晏婴如果知道了他的国君如此为他犯"傻"，不知该怎样感激涕零呢！

齐景公身为齐国国君，心里能这样装着他的臣子，这是怎样深重的君臣之情啊！

## 祁奚的"尚公"精神

> 路遥知马力，日久见人心。
>
> ——《元曲选·争报恩》

祁奚（前620～前545），本姓姬，字黄羊，春秋时晋国人。因食邑于祁（今祁县），遂为祁姓。周简王十四年（前572），晋悼公即位，祁奚被任为中军尉。

周灵王二年（前570），祁奚因年老告退。悼公问："谁可以接替中军尉一职？"于是，他便举荐了与自己有仇的解狐，但解狐未及上任就死了。悼公再次问他："谁还可以接替中军尉一职呢？"他回答说："我的儿子祁午可以。"不久，中军佐羊舌职也死了，当悼公再次征求他的意见时，遂又向悼公推荐羊舌职的儿子。悼公问："你为何既举荐你的仇人，又推荐与你关系密切的人呢？"祁奚答道："公问是何人能胜任，并非问及与我的关系呀！"悼公认为有

理，便任命祁午为中军尉，羊舌职的儿子羊舌赤为中军佐。

周灵王十六年（前556），晋平公重封祁奚为公族大夫。周灵王二十一年（前551），执掌晋国朝政的大臣范宣子杀死大夫羊舌虎，又株连其兄叔向入狱。有人劝叔向求宠臣大夫乐王鲋为之说情，叔向直言："惟祁大夫能救我。"祁奚听说后，不顾年老路遥，驱车面见范宣子，义正辞严地说："《尚书》讲对一位有智慧、有谋略训诲的人应当相信、保护及安慰。叔向是参与谋划国家大事而很少有过错，教诲别人又从不知疲倦的人呀。对这样的人不给以安慰重用，却反而被株连，这是国之大失啊！过去，鲧被处死，其子禹却得到重用，管叔、蔡叔被杀逐，其兄周公却仍在辅佐成王。我们怎么能因为一个羊舌虎，就置整个国家利益于不顾呢？"范宣子听了很受感动，两人一起面见平公，说服平公赦免了叔向。事后祁奚悄然而归，叔向也未登门拜谢。

祁奚这种以国家社稷为重、外举不避仇、内举不避亲、举贤不为谄、救人不图报的"尚公"精神，受到世人的称道。孔子赞美："祁奚举荐仇人，不为巴结；举荐儿子，不为偏爱；举荐辅佐，不为结伙，惟有贤能才可以举荐贤能啊！"司马迁在《史记》中也称赞道："祁奚可谓不党矣！外举不隐仇，内举不隐子。"

## 将相和

天时不如地利，地利不如人和。

—— （先秦）《孟子》

春秋战国时期，赵国有个大将廉颇。能干功高，但骄傲自大，争名争位。

他对地位已经超过自己的蔺相如很不服气，常对人说："我是赵国的大将，有攻城守地的大功。而蔺相如过去是个下贱人，只凭着卖弄唇舌就爬至我的头上！我真羞愧在他的名下。"说着，又猛地一扬头，发誓说："我见到蔺相如，一定羞辱他，否则我不姓廉。"

蔺相如听到了廉颇的话，知他正在气头上，就有意躲避着他，不肯与他见面，国王召集文武大臣上朝，相·如常常称病不去。

有一天，蔺相如坐车出门办事，走到穿城街。他远远望见廉颇也坐着车，从对面走来。相如急忙叫车夫把车拐到胡同里，躲藏起来，等廉颇走过去，才把车退出来，继续往前走。

门客们对蔺相如回车避见廉颇的做法实在看不惯，就找到他说："我们离开亲戚朋友，到您这里办事，是羡慕您智勇双全，道义高尚。如今您的地位在廉颇之上，他说您的坏话，您不回击；您见到了他，像老鼠见了猫，又是躲，又是藏。一般老百姓也受不了这个窝囊气，您身为上卿，却一点也不感到羞耻。我们可忍不下去，请让我们走吧。"

蔺相如好言好语劝留他们说："你们说，廉将军与秦王比较起来，谁厉害？"

门客们答道："当然是秦王厉害。"

相如点点头说："是啊。秦王那么厉害，我敢在大庭广众之下痛斥他，侮辱他的左右大臣。我虽然很愚笨，难道独独怕一个廉将军吗？我考虑的是，强大的秦国之所以不敢侵犯赵国，是因为有我们两人在，一文一武，同心协力，团结得好。如果我们俩像两只老虎，互相争斗，你死我伤，那正是敌人所希望的。我对待廉将军，是把国家的安危放在前面，个人的成见放在后面。"

蔺相如的话，很快传到廉颇的耳朵里。他坐立不安，越想越受感动，内心十分惭愧。于是他脱掉上衣，光着膀子，背上荆条，跑到蔺相如家里，跪在蔺相如面前，痛哭流涕地说："我心胸狭窄，为个人名位斗气。没想到上卿品质这么高尚，以国为重，宽以待我。我实在对不起你，特来向您请罪。"

蔺相如慌忙把他扶起，也十分感动地说："我是个卑贱的人，没料到将军严以责己，宽宏大量到这等地步啊！"

从此以后，两个人变成了同生死，共患难的好朋友。他们团结一致，文武配合，为国效力，使秦国不敢轻举妄动攻打赵国。

## 爱兵如子的军事家吴起

> 恩德相结者，谓之知己；腹心相结者，谓之知心。
>
> ——（明）冯梦龙

吴起，卫国左氏（今山东曹县）人，战国初期著名军事家和改革家。写有《吴起兵法》一书。《吴起兵法》对战争有一系列精湛见解，在中国军事史上占有重要地位。

吴起出生在一个"家累千金"的富有家庭。他自幼习武，胸怀大志，刻苦自砺，重诺守信，年轻时就办事认真，注意在社会上树立自己的威信，并通过处理日常琐事，来培养锻炼自己的意志和办事能力，是个有心计、有抱负的人。

为了在政治上谋求发展，吴起一心想登上仕途，谋取官职。他多次外出游历求官，花去了大量金钱，结果都未能如愿，象产用尽，事业无成，徒然召来许多人的讥笑和诽谤。吴起早年丧父。母亲见家业败落了，儿子也没混上个官职，还时常受人奚落，心里很不是滋味。一天，她把吴起叫到跟前说："儿啊，你想自立，这是好事，妈不拦你。可这不容易啊！现在家里的钱物都叫你花完了，往后可怎么过呀！"

吴起看到在卫国不能实现自己的志愿，就打算到别的国家去学本事。

临行前，他跪在白发苍苍的老母面前，咬破自己的臂膀，指天发誓说："您老放心吧，儿子决心离家谋生，做不到卿相那样的大官，我就不回卫国！"

吴起在鲁国搜集一大批著名军事家写的兵书，废寝忘食、夜以继日地研读，不仅把兵书读得滚瓜烂熟，而且能独立思考，融会贯通，有自己的独到见解。

后来，鲁穆公任命他为大将，叫他带领2万人马去迎击齐军。吴起当上了大将，军营将士一时议论纷纷，有的说他是个不会打仗的书生，有的说他名声不好，不忠不孝，母亲死了都不回去奔丧。吴起不把这些流言蜚语放在心上。

他想：要以弱胜强打败齐军，首先要依靠将士们齐心创力，这就要充分调动大伙儿抗敌卫国的热情。

过去，大将到来总是带着大批随从，排列堂皇的仪仗，声势显赫。吴起却轻车简从，穿着朴素。他一到军营，就深入到士兵中。士兵们住宿条件很差，地上铺了一层杂草，吴起就跟大伙儿一起在上面睡觉，吃饭时，吴起拿起碗筷，夹在士兵中一起吃。士兵们没有车乘，没有马骑，吴起也同样不乘车，不骑马。他从不克扣军饷，不打骂士兵。

不久，他就与兵士消除了隔阂，相处得亲密无间。大家都乐意听从他的指挥。吴起还抓住一切机会，耐心地向将士们讲解保卫国家、英勇杀敌的道理，激励大家的斗志。

鲁军士兵士气大振，向齐军发起反击。在抗齐战争中，吴起善于用兵，身先士卒，初试锋芒，就打败了强大的齐军。

这次弱军战胜强军的战争，挽救了鲁国的危亡，提高了鲁国的威信。从此，吴起的名声在各国传开了。

由于魏文侯正在励精图治，招揽人才，吴起知道在鲁国再呆下去不会受到重用，又恐怕一旦有人在穆公面前挑拨，连性命也难保。于是毅然离开鲁国，来到魏国。

魏文侯任命吴起为将军，率兵到魏国的西部边境，抵御秦国。

吴起一到西部边境，就和将士们一起修城墙，练兵马。为了防备秦国，

还修了一座很重要的城，叫吴城。他体恤部下，与士卒共甘苦。他行军不骑马，宿营不设单独的床铺，亲自背军粮；他爱护士兵，与他们穿一样的衣服，吃一样的饭。

有一次，一个年轻的士兵身上长了毒疮，痈疮里的浓血排不出来，痛得满地打滚。吴起见此情景，为解除患者的痛苦，他竟不顾痈疮有多脏、有多臭，亲自用嘴给他吸出脓血，调药治疗。

在吴起的统率下，士卒表现出顽强的战斗力。他指挥的军队往往能打败数倍于己的敌军，吓得秦兵不敢侵犯魏国，韩国、赵国、齐国都派使者到魏国来朝拜。

吴起作为一代名将，不仅会谈兵论武，南征北战，他还深深懂得热爱战士，懂得与士卒同甘苦的重要。战争年代，党的多数干部注重热爱人民、热爱人民子弟兵，不搞特殊化。和平时期，有的人忘记了自己应是人民的公仆，不能做到与民同乐，与民同苦，做官当老爷。这些人忘记了中国共产党是全心全意为人民服务的政党。由于他们抛弃了党的优良传统和作风，已经给党造成了很坏的影响，如不早日弃旧图新，易弦更张，党和人民最终也会抛弃他们。

## 王昭君出塞

> 百年心如同，谁限河南北？
>
> ——姚合

王昭君名嫱，字昭君。西汉南郡秭归（今湖北兴山县）人。《后汉书》载：汉元帝时，容貌艳美的王昭君以"良家子"被选入深宫为待诏。

匈奴呼韩邪是曾两次到中原朝见的单于。

公元前33年，呼韩单于第三次入汉朝，除表示称臣友好外，还特地提出"愿婿汉氏以自亲"的请求。消息传开，深居内宫，寂寞孤独又很有见识的王昭君喜出望外，向皇帝请求甘愿随呼韩邪到塞外并与之为妻。

管事的大臣正在为没人应征焦急，听到王昭君肯去，就把她的名字上报汉元帝。汉元帝吩咐办事的大臣择个日子，让呼韩邪单于和王昭君在长安成亲。

呼韩单于得到这样一个年轻美貌的妻子，高兴和感激的心情是不用说的了。夫妻两人向汉元帝谢恩后，高高兴兴地回匈奴去了。于是便铸下了"昭君出塞"的历史佳话。

王昭君在汉朝和匈奴官员的护送下，离开了长安。她骑着马，冒着刺骨的寒风，千里迢迢地到了匈奴。

昭君出塞后，被呼韩邪单于封为"宁胡阏氏"（阏氏，匈奴语为王后，宁胡阏氏即为匈奴带来和平安宁的王后）。汉元帝亦因昭君出塞而将自己的年号由"建昭"改为"竟宁"（长安宁）。为和亲而改元，这在历史上是绝无仅有的。

昭君出塞，汉朝先进的农业生产技术和丰富的物产随之带入匈奴，塞外匈奴盛产的牲畜及畜产品也源源不断地传入中原内地，汉匈之间经济文化交往和友好关系出现了一个崭新的局面。昭君出塞后的五六年间，汉匈之间出现了"边城晏闭，牛马布野、三世无犬吠之警，黎庶忘干戈之役"的和平繁荣景象。

王昭君这一和平友好的使者，远离自己的家乡，长期定居在匈奴，她劝呼韩邪单于不要去发动战争。在促进、维护汉匈友好关系上有着巨大贡献。她和匈奴人民相处得很好，匈奴人都喜欢她。因而昭君受到塞外人们极大的敬重。至今内蒙古地区仍流传着许多关于她的美好传说和故事。昭君死后，人们在一望无际的土默川平原上，为她建造"特木尔苏尔虎"（蒙语：墓）。昭君墓高33米，占地面积20余亩，它北靠巍峨雄伟的大青山。南临奔腾咆哮的黄河，风景优美，十分壮观。王昭君的功绩永垂史册。

# 丙吉与车夫的主仆之宜

> 以权利合者，权力尽而交疏。
>
> ——《史记》

丙吉是汉宣帝时的丞相，是汉代名相之一。

丙吉任丞相时，他的车夫是个行为很放荡的人，喜好喝酒，常常喝得大醉。

有一次车夫驾车外出，又喝醉了，竟然呕吐到丞相车上。丞相府的管事官员知道后，对丙吉说："这样的人不能用，应该把他辞退了。"

丙吉说："他喝醉了，犯了点错误就赶跑他，叫他到哪儿去容身呀？你们原谅他这一次吧！其实也没什么大错，只不过是把我的坐垫弄脏罢了！"丙吉仍然把他留在身边。

这个车夫是边疆地区的人，对边防上的情况很熟悉。

有一次，车夫外出，遇见了一位传递紧急公文的驿骑，得到了匈奴入侵云中、代郡的情报，车夫想："这个情况很重要，我应该马上告诉丙吉。于是，立即返回丞相府，报告丙吉。"

车夫向丙吉建议说："边疆上的几个郡，恐怕很快就要打仗了。一旦战争爆发，郡里的高级官员有的年纪老了，有的正在生病，哪能指挥作战呢？你是丞相，应当把情况了解清楚，并且考虑做适当调整。"

丙吉听了，觉得车夫说得有道理，于是马上叫来有关官员，把边郡的主要官长一个一个都了解一遍，把他们的年龄大小、身体强弱、出身经历以及文武才能都掌握了。

有一天，皇帝召集丞相和御史大夫等大臣上殿议事，问起边郡人员的情况，其他人因事起仓促，没做任何准备，一个个都慌了手脚，什么也回答不上来。结果，皇帝很生气，挨个指责一番。

等问到丙吉了，他不慌不忙，介绍得一清二楚，皇帝一看，唯独丙吉了如指掌，皇帝心里很满意，称赞他关心边防，尽忠职守。

事后，丙吉曾对人说："别看我是丞相，如果不是采纳了车夫的建议，哪里能得到皇帝的称赞呢？"

丙吉不愧是一位贤相，他知道"金无足赤，人无完人"的道理。懂得人不论贵贱高低，都可能拿出极有价值的"一孔之见"。

有些居于领导岗位的人却不是这样，自以为高明，不懂得爱护部属，有小错，轻则责罚，重则辞退，致使部下只会对他们讲"是"，唯唯连声。即便有聪明才智，也被这种刚愎自用的领导压制了，绝不可能在紧急的时候，向领导提出真知灼见。

## 曹操招才

> 五人团结一只虎，十人团结一条龙，百人团结像泰山。
>
> ——邓中夏

曹操，字孟德，安徽亳县人，三国时杰出的政治家、军事家和诗人。

他一生做官40余年，绝大部分时间是在战争中度过的。他励精图治、三次下令求贤。《令》中说："自古以来，凡是开国和使国家复兴的君主，哪有不是求得有才能的人与他共同治理天下的呢？而他们得到的人才，却

往往来自里巷之中。这难道是侥幸得来的吗？是居上位的人主动寻求的结果。现在国家尚未安康，正是特别需要贤人的时候。你们要帮助我寻求被埋没的人才，只要推举上来，我就任用他们。"曹操在一生政治军事生涯中，非常重用人才，招募人才，团结人才。

曹操的重要谋士荀彧，祖代都起自"布衣"，曹操把他从一个小小的县令破格提拔到中央当尚书令，参与军政大事。郭嘉、温宠原来也都是那里的小吏，后来被曹操提到重要领导岗位上。他们在曹操的统一事业中，都发挥了巨大的作用。

曹操不仅重用出身低微的人，就是过去与他抱敌对态度的人，只要改了，也能一样录用。如"建安七子"之一的陈琳，写得一手好文章，并一度投靠袁绍，袁绍付伐曹操的檄文就是他写的。檄文中用"赘阉遗丑"等恶语辱骂曹操，还把曹操的祖父和父亲骂了一通。后来曹操打败袁绍，平定河北，陈琳落在曹操手中。陈琳慌恐不安，急忙请罪，以为曹操一定会把他处死。可曹操不但没治他的罪，还安慰他说："过去的事就算了，只要你为我献计献策就行了。"并任命陈琳做了司空军谋祭酒，把他留在身边掌管文书。后来曹操发表的重要文告，很多都是陈琳起草的。

曹操在官渡之战中打败袁绍时，在缴获的文件档案中，发现很多自己军中和许昌中央政府中的人写给袁绍的私人书信。有人提议要严加追查惩办。曹操却说："那时袁绍势力强，我自己的地位都难保，何况部下呢？"下令把这些信件全部烧掉。那些过去与袁绍有私交的官员深为感动，消除了顾虑，后来都积极为曹操的事业效力。

对豪强、军阀，曹操也不是一概排斥。如原属董卓系统的军阀张绣，指挥作战的才能非常出众。他与曹操多次交战，在一次战争中还杀死了曹操的大儿子曹昂，可谓深仇大恨。最后因作战失败，在走投无路的情况下被曹操的部下所俘。他自知性命难保，可曹操不记私仇，仍然让他指挥军队。后来在官渡大战中立了大功，曹操把他和其他有功人员一样对待，封为列侯。

曹操用人不徇私情，即使是自己的儿子也不例外。由于他注重、爱惜、团结人才，使许多有才能的人士纷纷前来投奔。因此，曹操身边出现了猛将如云、谋臣如雨的盛况。

曹操不拘一格选拔人才，对于取得战争胜利，统一国家，安定人民生活，起了重大作用。

## 刘秀与王霸的君臣之谊

恶人相远离，善者近相知。

——王梵志

东汉光武帝刘秀，字文叔，先后推翻王莽、刘玄后称帝。刘秀是一位名垂青史的圣明君主。在他的周围有许多忠心耿耿的臣子辅佐他，王霸就是其中的一位，曾经几次出生入死地帮助刘秀兴复汉室，从此可见他们之间的情深谊重。

西汉末年，外戚王莽篡权称帝，压榨盘剥，搜刮民脂民膏，搞得民不聊生，饥寒交迫。各地都纷纷举旗造反。公元 22 年，汉朝宗室刘秀在宛县起兵响应绿林起义军。

当刘秀率领起义军路过颍阳时，当地人王霸召集了一些朋友毅然地投奔入伍。刘秀热情地接纳了他们。随后转战各地。刘秀足智多谋，英雄了得，屡战屡胜。王霸随军参战，英勇杀敌，立下了战功。不久，王霸因父亲老弱多病，便辞别刘秀回家侍奉父亲。临别时，刘秀送与王霸许多金银，并嘱咐他安心在家侍奉老爹。刘秀送王霸一段路程，两人洒泪而别。

后来，刘秀带领大军赴洛阳，中途路过颍阳，便亲自去看望王霸。王

霸深受感动，并请求父亲让他跟随刘秀离家出征。他父亲说："既然刘将军如此仁义重情，如此器重你，你就应知恩图报，你就去吧，参与国家大事，好好地辅佐刘将军，不要半途而废！"

那时，刘秀还不是最高统帅，被起义军拥为更始皇帝的刘玄，对足智多谋、能征善战的刘秀十分猜疑。刘秀为了躲过杀身之祸，保存实力，便请求刘玄让他到河北去招抚各州郡义军，刘玄答应了。于是王霸随刘秀而去。

风云变幻，前途险恶。那时，更始皇帝的权力还没布及到河北。刘秀此去，凶吉未卜，成败难测。并且长途跋涉，人困马乏，十分劳苦疲惫。但这些都没有动摇王霸的意志，他依然忠心耿耿地保护刘秀。而有不少的随从人员，却担心刘秀成不了大事，而且受不了艰苦。纷纷在半路上离开刘秀，不告而别。

走掉的人越来越多，人马逐渐稀少。渡过黄河以后，刘秀环顾四周，见身边只剩下王霸和少数几个亲兵，寥寥几人而已。刘秀良久地凝望着涛涛不息的黄河水，凝望着连绵不断的远山，思绪万千，万分感慨。过了许久才转过身来，拍着王霸的肩头，深沉地说："从颖川出来跟随我的人，只剩你一个了，真是疾风知劲草啊！"云天寥廓，秋风萧瑟，刘秀随口吟道："风萧萧兮易水寒，壮士一去兮不复还。"王霸忙说："将军，您还有希望，我们不能气馁，只要将军坚持下去，兴复汉室指日可待！"在王霸的劝说激励下，刘秀信心大增，便催马加鞭向前赶去。

刘秀到达蓟县，还没有站稳脚跟。一天，听说盘踞在邯郸的王郎派兵捉拿他，军兵已到了附近。刘秀连夜仓促南逃，一路上，王霸尽心竭力地卫护，帮助刘秀脱离了险境。后来，王霸又亲自带领军士讨平了王郎。

经过几年征战拚搏，刘秀做了皇帝，成了东汉的开国君主。但他仍然不忘王霸的忠心和才智，更加信任他了。公元33年，王霸被任命为上谷太守。王霸也始终不忘刘秀对他的友爱之情和知遇之恩，倍加努力，孜孜不倦，克尽职守。王霸亲自同士兵们垒土堆石，治隘口，筑亭障。并且冲锋陷阵，身经百战，为巩固和保卫东汉王朝做出了卓越的贡献。

# 冯异爱护兵士

君子上交不谄，下交不渎。

——《周易》

冯异（？－34）颍川父城（今河南平顶山市）人，字公孙，是东汉时的一位大将，为人好学，熟读《左氏春秋》《孙子兵法》等书。他作为将军，待人和气，礼让谦虚，关心体恤士兵，与三军将士建立了深厚的战斗友情。

当时，刘秀还未称帝，各地群雄割据。冯异跟着刘秀东征西战，立下了汗马功劳。但他从不以功自傲，对将士们十分和气。在路上与别人相逢，总是命自己的乘车让道，这深得大家的敬仰。每次打仗后，论功行赏，冯异常常把功劳归于别人，特别注意奖掖那些作战勇敢的下级军官和普通士卒。每次激烈的战斗后，他便喜欢坐在大树下，或者看书，或是写字，将士们从心里喜欢他，都亲昵地称他为"大树将军"。

有一次，刘秀带着部队来到饶阳无蒌亭。那时气候寒冷，加上长途行军，众人饥疲交迫，有些支撑不住了。冯异看到这种情景，十分痛惜士卒，便派人烧了一大锅豆粥，端送给大家。士卒一看到热气腾腾的豆粥，大家的眼睛立时亮了，不少人还欢快地喊叫起来："又热又香的豆粥，快来喝啊！"士卒们争先恐后地喝着，一碗又一碗，直喝得头上冒了汗，饥寒顿时消除了。

还有一次，部队来到南宫县，适遇一场瓢泼大雨，兵士们被浇得像个落汤鸡，冻得瑟瑟发抖。冯异又想方设法找来了木柴，立刻升了一堆熊熊的大火，兵士们高兴地围拢来，烤身子，烤衣服，寒冷为之一扫而光。

冯异这样关心兵士、爱护兵士，兵士们都喜欢他；打起仗来，冯异令行禁止，都听他的指挥，军队战斗力很强，连连打胜仗。

刘秀也很喜欢他，认为像冯异这样能够紧密团结自己周围兵士的将军，是很难得的。在占领洛阳登了帝位后，便派冯异平定关中，长期坐镇长安，百姓都称他为"咸阳王"，有人向光武帝奏了一本，说他的坏话。冯异听到此事很惶恐，给皇帝写奏书申辩说："过去境况十分艰难时，我做事尚且不敢有半点差错；现在天下太平，又赐了爵位，我如何要做不轨之事？"光武帝刘秀看了看奏章，给冯异回了一封诏书说："我你义则君臣，恩如父子，从无嫌疑，何必惧怕！"

公元30年，冯异自长安入朝。光武帝指着冯异对公卿们说："他是我起兵时的主簿，为我披荆棘，定关中，为人谦和，善交战友，体恤将士，人们昵称之为'大树将军'！"散朝后，光武帝不能忘怀当年冯异在艰难时刻煮粥举火的深情厚谊，便赏给冯异珍宝、衣服、钱帛，又写了一道诏书："仓卒无蒌亭豆粥，滹沱河麦饭，这厚意好久还未报答哩！"

# 孙权关怀属下

> 同心而共济，始终如一。
>
> ——（宋）欧阳修

孙权（182~252），字仲谋，吴郡富春（今浙江富阳县）人，三国时吴国创始人。

公元200年，年仅18岁的孙权继承父业，步入了政治生涯。当时，政治形势十分严峻，吴国面临着被强敌曹操兼并的危险。孙权勇敢果断，在

"赤壁之战"中一举以弱胜强，奠定了魏、蜀、吴三国鼎立的局面。他对吴的统治持续了52年之久。

孙权的成功，与他重视人才，关怀属下是分不开的。他对属下无微不至的关怀，是历代帝王中少见的。

吴将吕蒙，在"赤壁之战"中立下了赫赫战功，后又因计破关羽，收复荆州，受到嘉奖。正在孙权准备封吕蒙为孱陵（今湖北省公安县南）侯时，吕蒙得了重病。孙权得知后，立即派人把他接回来，安置在自己的馆舍，精心地对他进行护理，千方百计地给他治疗。医生给吕蒙针灸时，孙权常守候在他的身旁，看样子比吕蒙还难受。随着吕蒙病情的恶化，孙权探视的次数也多了起来。孙权想常看到吕蒙的脸色，又怕劳累他，便叫人在吕蒙病室的墙壁上凿了个洞。这样他便可以随时观察到吕蒙病情的变化，而不致惊扰他。孙权看到吕蒙能吃点东西了，便高兴得和大臣们又说又笑；看到吕蒙脸色不济，就长嘘短叹，夜不能眠。

吕蒙的病曾一度好转，孙权高兴异常，并为此颁发了赦免令。大家见孙权如此关怀属下，都十分感动，纷纷前来向孙权祝贺，比过节还热闹。

不幸的是吕蒙久治无效，终于死去。孙权悲痛万分，厚葬了吕蒙，并安置了300户人家，为他守陵。

## 周瑜团结部下

> 人生所贵在知己，四海相逢骨肉亲。
>
> ——《雁门集》

周瑜，字公瑾，是三国时期一位文武兼备的青年将军。

在《三国演义》等文艺作品中，周瑜被描写成心胸狭隘，忌贤妒能的人。但这是文艺作品中的周瑜。历史上的周瑜是个风流儒雅、气度宏大、很能团结人的将领。

赤壁之战前，周瑜被任命为前部大都督，总领东吴的兵马，老将程普因在周瑜部下，心里很不服气，程普认为自己资格老，功劳大。而周瑜还是个青年，不把周瑜放在眼里。

程普经常借故不出席周瑜主持的军事会议，还不断地给周瑜出难题。面对程普的轻慢，周瑜从不计较，对程普依然很尊敬，经常征求他的意见，并努力做好自己的本职工作。

程普见周瑜确实把部队指挥得井井有条，是个难得的将才，心里很佩服，又被周瑜的诚恳态度和宽广胸襟所感动，亲自向周瑜赔礼道歉，二人成了好朋友。他们共同努力，打赢了赤壁之战，奠定了三国鼎立的局面。

后来程普感慨地说："和周公瑾相交，就像喝美酒一样啊！不知不觉之中就醉了。"

## 李世民与臣下肝胆相照

> 大丈夫处世处，当交四海英雄。
>
> ——《三国志·蜀书·刘巴传》

李世民即唐太宗，今陕西省武功县人。隋朝末年随父李渊起兵。隋亡，李渊称帝，为唐高宗，李世民被封为秦王，任尚书令。玄武门之变后即位为皇帝。他当皇帝以后，能够保持清醒的头脑，从言纳谏，励精图治。

魏征原是太子李建成的洗马官，经常出谋画策，多次劝李建成杀死李世民。"玄武门之变"后，李世民以太子的身份处理政务，把魏征招来骂道："你为什么挑拨我们兄弟之间的关系？"众人无不为魏征捏着一把汗。魏征却神色自若地说："先太子若听我的话，必无今日之祸！"他豁出性命，准备被杀头。不料，李世民反而赞扬他的才华和敢于直言，任命他为詹事主簿和谏议大夫。从此，魏征跟随在李世民身边，专门掌管侍从规谏事务。

李世民唯才是举，精于用人。他即位后，大力整顿朝纲，决心治理出一个太平盛世。但是，新朝伊始，百业待兴，朝廷内外，事务繁重，需要人才的地方太多了。早在他当秦王时，就靠心腹大臣房玄龄等人招来许多治国人才。这时，他更认识到选拔人才对治国安邦的极端重要性。他选拔人才不计较出身和经历。在唐初的大臣中，有不少人出身于不入流的小官吏，如张玄素、孙优伽等。贞观五年，李世民为了使朝廷中的官吏能进献治国大计，从中发现人才，曾发动中央文武百官对政事各抒己见。中郎将常何在书中一下子提出20多条建议。李世民看奏章写的如此有水平，甚为惊讶，同时又觉得有些奇怪，因为太宗早知常何出身于武夫，平时不学无术，没有多少学问，想知道个究竟，便询问常何。常何直截了当地说："这不是我写的，是我的客人马周写的。"李世民立即召见马周，把这个穷困潦倒的书生一步步提上来。

李世民用人心正不疑，君臣肝胆相照。他经常用历史上的一些君主因用人多疑，枉杀忠臣，导致君臣关系紧张，直至亡国的事实告诫自己。眼前隋炀帝的教训，是他的一个很好的反面教员。李世民深知猜忌多疑的危害。他认为，对于一个人才来说，要么不用，用则不疑，既用又疑，则必不能尽其才。"玄武门之变"前，为李建成出谋画策的骨干分子都是李世民的死敌，但事变之后，李世民都把他们收为自己的部下，化敌为友，还重用了魏征这样的人。

李世民以至诚治理天下。他认为君臣能够和睦相处，肝胆相照，臣下才能竭忠尽力，有所作为，他说："一旦国君对大臣怀疑，人们就不敢畅所欲言，下情便不能上达。这样，要求臣下尽忠报国便不可能了。"特别对那些经过长期考验，忠心耿耿的大臣，更要重其大节，不可吹毛求疵。尤其

不可轻信谗言，率意惩处，否则后果往往不堪设想。所以李世民对那些在皇帝面前说人坏话，专事攻击别人的官吏，特别警惕。贞观十九年，李世民亲率大军征伐高丽，在洛阳停留。临行前命令房玄龄留守长安，授权处理朝廷一切事务。有一个官员当面对房玄龄说："我要向皇帝告状。"房玄龄问他："你告的是谁？"此人毫不掩饰地说："我要告的就是你！"这件大事，出在皇帝不在朝中的时候，房玄龄不敢隐瞒，便用驿马送他去洛阳，面见皇帝。李世民听说房玄龄有公文送告状人，已经猜出大概，命令卫兵持兵器立于面前，然后引见来人。问道："你走这么远的路来到这里，是告何人？"那人答道："告房玄龄！"李世民厉声喝道："果然如此！好大的胆，推出去斩首！"事后对房玄龄说："你太不自信了，以后遇到类似情况，完全可以自行处理，不必报告！"

李世民既善于用人之长，不求全责备，又注重德才兼备，防止佞臣得道。李世民曾对封德彝说："治国的根本在于得人。我让你们举贤荐能，可至今也没有看到一个。这是为什么呢？"封德彝有点委屈，回答说："不是臣不尽心，而是眼下确实没有治国人才呀！"李世民说："用人如用工具一样，工具各有各的用处。俗话说，坚车能载舟，犁田不如牛。古代圣明贤君都是从当代选拔人才，从来不会在别的朝代选人。只怕你不识才而埋没了当代的人才。"他在注重人的才能的同时，尤其重视官员的品德，他曾说："朝廷如果选用一个正直的人，所有善良的人都会受到鼓励；如果用一个坏人，佞人便蜂拥而来。"他还认为国君是身躯，臣民是影子，躯干挺直，影子自然不会弯曲；国君是源头，臣民是溪流，只有源头清，溪流才不会混浊。

由于李世民善于纳谏，精于用人，使国家日益繁荣昌盛。

# 李愬体恤士卒

路旁老人忆往事，相与感激皆涕零。

——（唐）刘禹锡

李愬，唐朝将军，懂谋略，善骑射，能诗文，抱负大。元和十一年（816），朝廷任命他为征讨淮西的前线指挥。

安史之乱后，唐朝中央集权更为削弱。内地的各路节度使各占一方，拥兵自重。对抗朝廷的号令。淮西镇是其中较大的藩镇。元和九年（814），淮西节度使吴少阳死，他的儿子吴元济因为达不到继承父亲职位的目的，便自领军务，纵兵焚掠舞阳（今河南中部偏南、洪河上游）、叶（今河南叶县南）等县，威胁洛阳。朝廷多次派兵讨伐吴元济，但唐军统帅勾心斗角，懦弱无能，兵士涣散，溃不成军，吴元济十分嚣张。

李愬任淮西前线指挥后，并不急于出兵。他认为，要先把军队整顿好，严明纪律，增强军力，振奋士气，团结一心，使部队具有凝聚力和战斗力。他不摆统帅的架子，经常深入兵帐军营，了解军士的生活状况和疾苦。将士受伤生病，他总是带着礼品，亲自到军营看护、慰问，关心其冷暖，好言好语以示体恤。对于自己的日常生活，严肃检点，简朴勤直，为将士做出榜样。

对于来降的人，李愬不侮辱、不凌慢，总是善言勉慰，让他们自己选择出路。凡愿意回家的，发给粮食布帛。这些降兵降将看到李愬这样宽宏大度、仁爱有加，都受了深深的感动，不愿回家，情愿留下参战。这样，李愬的部队人数增多；战斗力增强了。兵士们都说："跟着李将军，舍命掉头也要往上冲！"李愬的部队面貌大变，兵士们相助相爱，团结协力，军威远震。

李愬准备了半年，经朝廷批准，终于发动了对吴元济的总攻击。在一

个天寒地冻的风雪之夜，他率领骑兵夜行 130 里，千军万马，步调一致，秩序井然，军士各个摩拳擦掌，斗志昂扬，如同大江巨潮冲向吴元济的老巢——蔡州（今河南省汝南）城下，城内百姓为之呼应。敌军众叛亲离，节节退败，弃城西窜。黎明雪停之时，李愬部队攻破吴元济外宅，蔡州官吏惊呼大嚷："城攻破了！"吴懵懵懂懂地以为手下将士来向他索讨御寒的冬衣呢！直到他亲耳听清传递李愬的号令时，才如梦初醒。在贴身侍卫的保护下，爬上院墙，准备逃命。这时，李愬的千军万马已把院墙围得水泄不通，军士齐声呐喊，声震天地，如雷电轰顶。吴元济狼狈不堪，颤栗不已，走投无路。唐军给了他一把梯子，他只好乖乖地爬下，束手就缚。淮西的其他部队闻讯，也都投降归顺了。

李愬部队进城。大雪初霁，晴明寥廓，刀枪闪亮，军威肃然。百姓们听说官军平定了蔡州，活捉了吴元济，都纷纷走出宅院，奔向街头，额手称庆，欢迎官军。送水的，献酒的，敬鱼肉的，络绎不绝，塞满路口，感激李愬为民除害，并交口称赞李愬训练的官军号令一致，众心齐力，深得民心。当时，大诗人刘禹锡得知这一消息，写了《平蔡行》诗三首，诗中有两句写道："路旁老人忆往事，相与感激皆涕零"，团结战斗，为民除害的部队，才能赢得如此的赞美啊！

## 狄仁杰体恤同僚

> 近朱者赤，近墨者黑。
>
> —— （西晋）付玄

人们只知道狄仁杰断案很奇，孰不知他的过人之处远不止这些。他个性耿直无私，执法如山，伸张正义，不畏权势，即使在唐高宗、武则天面前也坚持原则，最终赢得武则天的信任和同僚的尊敬。

狄仁杰出身名门，祖父和父亲都担任过唐朝的高官，但他生性淳厚，从不以出身做人，因此很年轻的时候就得到不少长辈的夸赞。还在他当并州都督府法曹时，同僚郑崇质奉命出使一个很遥远的蛮荒之地。偏偏郑崇质有一个年老而且多病的母亲，郑崇质丢下老母只身远行，心里很不是滋味，狄仁杰见状十分同情，便求见作为主管长官的长史蔺仁基，对蔺仁基说："郑崇质的母亲老弱如此，我们怎么能忍心他在万里之外还为老母担忧呢!"随即便自告奋勇，要求代替郑崇质出使。

狄仁杰的举动使蔺仁基深受感动。此时蔺仁基正和司马李孝廉闹矛盾，两人不但在公事上互相拆台，而且平时形同陌路，都以看对方的笑话为乐事。面对涉世未深却如此急公好义的狄仁杰，蔺仁基非常惭愧，于是他硬着头皮找到李孝廉，把狄仁杰的所作所为从头说了一遍，并深有感触地叹道："与仁杰相比，我们难道能不自惭形秽吗?"李孝廉果然也深受震动，两人居然从此和好如初。

狄仁杰这种能从大局出发，不计个人恩怨，与他人和睦相处的品质值得世人学习。

## 范仲淹请罪

> 路遥知马力，日久见人心。
>
> ——《元曲选·争报恩》

吕夷简（978～1043）北宋大臣，对皇帝宋仁宗说："范仲淹是个有才

能的人，朝廷若想用他，就应该重用。"

宋仁宗说："可他反对过你啊！"

"他虽曾经反对我，"吕夷简说："但我的确也是有毛病的，再说他也是为国家着想啊！""好吧！"宋仁宗同意了。

不久，宋仁宗就升范仲淹为学士，任参知政事。范仲淹到任后向仁宗建议10件事，主张建立严密的任官制度、注重农桑、整顿武备、推行法制、减轻徭役等等，受到皇帝的信任。人们议论纷纷，说："吕夷简不念旧恶推荐范仲淹，真是个为国家着想的老人啊！"

范仲淹明白自己所以能施展抱负，是由于吕夷简的推荐，非常感动。他跑到吕夷简家里当面请罪，说："过去我多指责您，想不到您还这样看重我……"说着，眼睛都红了。吕夷简安慰他说："大家都是为国着想啊，有什么说的呢？"

## 范仲淹劝说同僚

> 直道岂求安富贵，纯诚惟赖助清光！
>
> ——富弼

峨冠博带的大臣富弼（1004～1083）步出宫殿，气恼得脸都青了，他气乎乎地对范仲淹说："今天担心的是法制不立，我要建立法制，你从中阻止，怎么能使大家信服呢？"

范仲淹（989—1052）知道富弼生气的原因：刚才在皇帝面前，讨论到高邮守将晁仲约用钱粮犒劳过一股起义的农民的事情时，富弼认为晁仲约"贿敌"应该斩；范仲淹不同意，认为是晁仲约让有钱人出点钱粮赈济吃大户的饥民，谈不上"贿敌"，不应该获罪。皇帝同意了范仲淹的观点。现在范仲淹看见富弼还在生气，拉他到一边，悄悄说："大宋建国以来，没有乱疑乱杀，这是一种好传统啊，为什么要破坏它呢？况且，伴君如伴虎，皇帝杀得手滑了，我们今后恐怕也危险哪！"

"不然，不然。"富弼摇头走了。从此俩人的关系越来越疏远了。

不久，范仲淹出任陕西经略副使，富弼到河北一带巡视去了。一次，富弼从河北去京都开封办事，刚到城外，朝廷来人对他说："皇上让你今天别进城，就在城外住下。"富弼闹不清原因，吓得满头大汗："哟，难道是谁在皇帝跟前说了我的坏话？"他在旅舍中彷徨踱步，一夜没敢上床睡觉。他回忆起同范仲淹的那次争论，越想越觉得范仲淹的话是对的，确实是不能让皇帝乱杀人啊！范仲淹在兄弟中排行第六，故此，富弼绕床叹息，说："范六丈真是圣人啊！"

此后，两人关系密切了，他们书信往还，商讨富国强兵的计划，两人一起建议改革朝政，为加强宋代的边防做出了贡献。他们这种遇事从大局出发维护大局的精神令人钦佩。

## 欧阳修巧劝宋祁

合意友来情不厌，知心人至话投机。

—— （明）冯梦龙

宋祁写文章爱用冷僻的字词，以显示自己博学多才。比如"蓬生麻中，不扶而直"这是很好懂的句子，他偏偏要改为"蓬在麻不扶而挺"，用"挺"来代替"直"字，结果反而使好懂的句子变得不好懂了。

欧阳修参加修《新唐书》后，看到宋祁爱用冷僻字，很想给宋祁提出来。宋祁比欧阳修大 20 岁，欧阳修不好直说，非常着急。一天，欧阳修去

...
...

探望宋祁，赶巧宋祁不在，他灵机一动，便在门上写道："宵寐匪贞，札闼洪休。"随后就在附近散步。宋祁回来，瞧见这八个大字，问道："谁在门上乱画？"

"啊，我写的！"欧阳修赶上前去，说："对不起，把您的门弄脏了。"

宋祁见是欧阳修，转怒为笑，说："永叔先生来了，失迎失迎。"他本是个爱用冷僻字的老手，望着门上的字，他一时也懵了，问："这写的是什么意思呢？"

"怎么？你忘了？"欧阳修笑着说"这八个字就是'夜梦不祥，题门大吉啊！"

宋祁恍然大悟，一会儿，他不以为然地说："你就写'夜梦不祥，题门大吉'好了，何苦用这种冷僻字眼呢？"

欧阳修哈哈大笑，说："这就是您老修唐书的手法呀！'迅雷不及掩耳'，多明白，您偏写什么'震雷无暇掩聪'，这样写出的史书谁能读懂呢？"

宋祁脸红了，他又是惭愧，又是感激，宋祁诚恳的接受了欧阳修的建议。他们这种个人服从大局的品质被后人称颂。

# 王旦以德报怨荐寇准

> 冤家宜解不宜结，各自回头看后头。
>
> —— （明）冯梦龙

王旦与寇准，是北宋时期两位著名的宰相。他们是同时代的人，但王旦拜相早于寇准。寇准的一生事业，不在王旦之下，但仅就推己爱人而言，则寇准不及王旦。

王旦做宰相时，屡于人前言寇准之长，而寇准却常揭王旦之短。

有一次，王旦又在真宗皇帝面前夸赞寇准，真宗皇帝微笑着对王旦说："爱卿虽然经常在朕面前夸赞寇准，但寇准却总在朕面前说爱卿的坏话。"

王旦神情自若地说："这是理所当然的。臣在相位多年，必有许多过失。寇准对陛下毫不隐瞒臣的过失，不正说明寇准对陛下的忠诚吗？不也说明寇准是一位耿直的人吗？我所以尊重寇准，正在于此。"

真宗皇帝听了王旦的话，含笑不语，心中更加赞赏王旦的贤良。

王旦主持中书省，寇准主持枢密院。有一次，中书省有公文送枢密院，违背了真宗皇帝的旨意。寇准发现后立即报告了皇帝，结果使王旦及中书省所有官员都受到了责罚。

真是巧得很，事情没过一个月，枢密院有公文送中书省，也同样违背了真宗皇帝的规定。中书省官员抓住了寇准的把柄，想乘机报复。一位官员非常高兴地报告给王旦，劝王旦奏于真宗皇帝，给众官员出口气。但是，王旦却严厉地命令这位官员把公文送还枢密院，并让他当面指出公文的错误。

这位官员拿着公文到枢密院，把事情的前前后后都告诉了寇准，寇准羞愧难当，亲自送这位官员离开枢密院。

寇准回到府中，在室内踱来踱去，回想起一件件往事：与王旦同榜得中，两人互相勉励，朝中议事，二人常常不谋而合！自己受小人谗言，受降职处分，王旦忿忿不平；被贬之后，王旦想方设法让真宗皇帝召回……

但是，自己为什么常常在真宗皇帝面前说他的坏话呢？为什么多次顶撞他？为什么见到他的过错就抓住不放，与他为难呢……

他越想越后悔，越想越难过。想起战国时廉颇负荆请罪的事，寇准立即来到王旦府上，一见王旦，纳头便拜。

王旦大吃一惊，忙搀扶寇准。寇准不起，死死跪在地上说："寇准请罪，寇准请罪！"

"这从哪里说起？人非圣贤，孰能无过。"王旦边说，边拉住寇准的胳膊，把他搀扶起来，请他入座。

寇准感叹道："老同年，我真佩服你有这么大的度量呀！"

不久，王旦得病，面容憔悴，真宗皇帝问他谁可继承相位。

王旦先是不肯开口，最后还是说："以臣之愚见，莫如寇准。他人，臣所不知也。"

"寇准性情刚偏，有人奏于朕，说寇准过生日，筑大棚，设大宴，欲与朕相比。"

王旦忿忿不平地说："望陛下勿听小人进谗。寇准乃当今贤良之士，忠心耿耿。他的雄才大略，是社稷不可缺少的。寇准生辰，拜贺的人川流不息，不正说明他德高望重吗？说他想与陛下相比，纯属谗言。陛下任用寇准，江山可以安保！"

真宗听了王旦的话，微笑着点了点头。

寇准每天朝罢，都要到王旦床前问候。有一次，寇准眼含热泪说道："王大人，有何教我？"

王旦声音低微地说。"眼看我就不行了。临别要说的话，就是要注意平等待人，既不要使人感念自己的恩惠，也不要让人惧怕自己的威严……"

寇准感动得热泪直流，久久不肯离开王旦的病榻。

王旦去世不久，真宗便尊重王旦遗言，任命寇准为宰相。寇准入朝拜谢说："谢主上圣恩，要不是陛下了解臣，怎么能任命臣再为宰相呢？"

真宗皇帝潸然泪下，把王旦举荐的话从头至尾说了一遍。寇准听了，泪流满面，深感内疚地说："臣对不起王旦，他的见识、品德是寇准所不及的。"

退朝之后，寇准再次来到王旦府中，对着王旦亡灵拜了三拜，思念王旦的巨大悲痛压得他喘不过气来。他仰望着王旦的灵牌默默悼念着，很久很久不肯离去。

王旦对同僚寇准能够以德报怨，坚持己所不欲，勿施于人，这在封建社会达官贵人中是难能可贵的。然而，在现实生活中，却有些人度狭量窄，当受到攻击的时候，不能正确对待，总是挟嫌报复，甚至互相攻讦，互相推诿扯皮，贻误工作，造成工作中不应有的损失。这种态度是正人君子所不取的。

# 互敬互爱　宽以待人

## 梁鸿孟光举案齐眉

> 换我心，为你心，始知相忆深。
>
> ——（宋）顾夏

东汉时，有个女子叫孟光，长得十分丑陋，但却很有力气，能举起一盘石臼，年龄30岁，仍未出嫁。父母多次请媒人给她找对象，她都不中意，没有办法，只好问她："光儿，你倒底想找个什么样的对象呢？"孟光说："只有象梁鸿那样品德高尚的君子，我才嫁给他。"

梁鸿是个家境贫寒的读书人，他为人正直，很有志气，说话办事也很讲信用。从太学里读书回来，家乡的许多人家都想把女儿嫁给他，可是都被他谢绝了。不料听说丑女孟光要嫁给他，他却很高兴，即刻请媒人上门去求亲。

结婚以后，孟光天天盛装打扮，穿红着绿，服饰非常华丽。梁鸿一看便虎起了脸，七天没和孟光说一句话。孟光问丈夫为什么不理睬她，梁鸿没好气儿地说："我娶你本来是想找个能和我到深山里一同吃苦过日子的伴侣，没想到你天天搽脂抹粉，讲究穿戴，太让我失望了！"

孟光高兴地说："我这样穿着打扮是想试试你的志向是不是像别人说的那样，其实我早就准备好了隐居劳动的粗布衣服。"说着便卸下头饰，随便挽了个发髻（jì）脱下绸衣，换上布服，里里外外干起活来。梁鸿见孟光好象变了一个人，高兴地说："这才是我梁鸿想娶的妻子！"

于是，夫妻二人隐居到灞陵山中，梁鸿耕田，孟光织布。后来二人又出关向东而行，当路过京师洛阳时，梁鸿看到了，富丽堂煌的宫殿，想起了百姓的劳苦，就写下了著名的《五噫（yī）歌》，这首歌是中国文学史上很优秀的作品。到了山东地界，二人暂时定居下来。最后，他们又到了江南，住在一个叫皋伯通的大户人家的厢房里。

这时梁鸿天天外出给人家舂（chōng）米，得点工钱，夫妻二人过着清苦的日子。每天完工回家，孟光早已把饭做好了。等丈夫坐下后，她把热气腾腾的饭菜放在托盘里，把托盘举到和眉毛一般平，送到梁鸿面前，然后夫妻俩才亲亲热热地吃那家常饭菜。这情景让房主人皋伯通看见了，很是惊讶，也很赞叹他二人互敬互爱的情谊。

他们这种因为互相敬爱而走到一起，面对挫折而不离不弃的精神值得现代人敬仰。

## "王吉休妻"和"东邻伐树"

> 结交非贤者，难免生爱憎。
>
> ——（唐）孟郊

东汉宣帝时，有位谏议大夫叫王吉，此人秉性耿直，敢说敢谏。当时汉宣帝宠任外戚（皇帝的丈母亲和外祖母家的亲戚）。外戚的子弟都做了官，还屡屡升职，而这些人差不多没有一个不荒淫奢侈、目中无人的。王吉对这件事很生气，于是就上了一道奏章，建议皇上废除任命外戚子弟的办法。汉宣帝看了王吉的奏章，认为他太古板了，不但不采用他的意见，而且以后干脆不去理他了。王吉碰了个软钉子，无心再为朝廷做事，便推说有病，辞官不干了。

王吉辞官后，在长安城租了一座房子居住。王吉的妻子对丈夫十分敬重，她每天都端来洗干净的大枣让王吉吃。起初王吉以为妻子是从街上买来的枣子，便心安理得地享用。后来他才知道是东边邻居家里有颗大枣树，枝叶茂盛，结满了果实，枝头长过墙这边来了，妻子每天从邻居家伸过来的树枝上摘的枣，给他吃的。王吉是个十分正直，又注重团结的人。他知道了事情真相后非常生气，批评妻子不应该这样做，在盛怒之下，将妻子赶回娘家去了。

东边邻居家听说王吉为此事赶走了妻子，感到过意不去，就拿了把斧子想砍大枣树。

街坊、邻居们纷纷出来调解，王吉只好听从众人的劝解，把妻子接回来了，东邻家也把斧子扔掉了。

王吉和东邻两家，从此更加友好相处了。街坊邻居对王吉和邻居注重邻里团结的美德很敬佩，于是编了一首歌儿来赞美他们，歌中唱道："东家有树，王吉妇去，东家枣完，去妇复还。"

## 王祥王览兄友弟恭

> 亲之割之不断，疏者属之不坚。
>
> ——（唐）韩愈

王祥，是晋代琅琊（今山东临沂县）人。

他小时，性情温厚，孝敬父母。母亲死后，继母朱氏对他很不好，多次向他父亲说他的坏话，因此他父亲也不喜欢他，让他干又脏又累的活，但他毫无怨言，更加小心，不惹父亲生气。

王览，是王祥继母生的弟弟，性情爽直，很懂事儿。四五岁时，看见王祥挨打挨骂，他就抱着母亲流泪。到了童年，他经常劝阻母亲不要虐待王祥。他和王祥很友爱，经常在一起，王祥也很喜欢他。

有时他母亲无理地支使王祥干力所不及的重活，他就和哥哥一起去干，这样使母亲停止对王祥的无理支使。

父亲死后，王祥在乡里稍稍有点名气了。这又遭到继母的忌妒。她暗自把毒药放到酒里，想毒死王祥。王览在暗中看出毛病，赶紧到哥哥房中夺回毒酒。这时王祥也看出酒有问题，怕弟弟抢去喝了中毒，于是弟兄俩抢起酒来。继母听到争吵声，赶紧跑来把酒夺回去倒掉。从此以后，每逢吃饭，王览就和哥哥一起吃，朱氏再也不敢在食物中放毒了。

继母死后，徐州刺史吕虔（qián）聘请王祥去当别驾。王祥不愿意离开弟弟，想不去就职，王览极力劝哥哥去，并亲自为哥哥打点行装，亲自赶着牛车送哥哥去徐州上任。

后来，王祥政绩清明，得到百姓的赞扬。王览也得到皇帝的嘉奖，并起用为宗正卿官。弟兄俩始终亲密友爱，为当时人所称颂。

## 展子虔和董伯仁"文人相亲"

> 丈夫结交须结贫，贫者结交交始亲。
>
> ——（唐）高适

展子虔和董伯仁都是隋朝时的名画家。展子虔画人物甩笔细腻，形象逼真；画鞍马如腾似跃，煞是惊人；特别是画北方的山水，更能给人以咫尺千里之感。为此，他在众多的恭维话面前，变得骄傲起来，不把别的画家放在眼里。

董伯仁除所画的人物、鞍马和展子虔所画的人物、鞍马不相上下外，他画的南方山水，更是别具一格：所画的亭台、楼阁，多精巧有致；所画的山水树石，多秀丽柔美。他听说展子虔很瞧不起人，不以为然地说："展子虔所画的北方山水，不过是些秃山恶水罢了。我从未见他画过一张象样的南方秀丽的山水画。"

这话传到了展子虔的耳朵里，开始他十分生气，但拿过董伯仁的山水画仔细一看，不由不佩服得连连称赞。为了取别人之长，补己之短，便主动与董伯仁和好。

董伯仁也很受感动，当下表示要向展子虔好好学习，从此，两人便成了互相学习，共同提高的好朋友。

# 魏万追寻李白三千里

> 一长复一少，相看如兄弟。
>
> —— （唐）魏万

李白（701～762），是唐代著名的大诗人，被人们称为写诗的"神仙"。

李白42岁那年，被唐玄宗召进长安，任命为翰（hàn）林学士。李白来到京城本想帮助皇帝治国安民，干一番事业。可是他在长安呆了2年，亲眼看见皇帝整天吃喝玩乐，把国家大事都交给几个奸臣去办，感到很失望。

李白是个有骨气的人，从来也不肯低头弯腰去巴结那些有钱有势的大

官僚。这些奸臣恨透了李白，就经常在皇帝面前说李白的坏话，终于把他挤出了长安。

李白被朝廷变相地赶出长安后，他原来结交的一些势利朋友马上换了一副脸孔，不理他了。然而有个年轻人叫魏万，仰慕李白的诗才，不顾世俗偏见，非想结识这位名满天下的诗人不可。李白出了长安，遍游祖国名山大川，写下了不少壮丽的诗篇。魏万踏着诗人游踪，马不停蹄，足足追了3000里，终于在广陵见到了李白。两人一见如故，谈得很投机。以后两人一同游赏自然风光，切磋诗歌艺术，成了一对知心朋友。魏万说："一长复一少，相看如兄弟。"李白说："相逢乐无限！"

大诗人李白见魏万诚挚忠厚，年轻有为，特别高兴，因此不仅托魏万照顾他的儿子明月奴，还把自己的全部诗稿交给魏万，让他编成集子。后来魏万中了进士，他不负重托，编出了《李翰林集》，自己还饱含热情地为诗集写了一篇序。

魏万编的李白诗集早已散失，但他的那篇序却一直流传到今天，成了他俩互敬互爱的友谊见证。

# 韩愈柳宗元互相支持

> 衣不如新，人不如故。
>
> ——《汉乐府》

韩愈和柳宗元同是唐代古文运动的领袖，他们之间有着十分深厚的友谊。他俩同朝为官，韩愈为监察御史时，柳宗元做监察御史里行（御史的见习官）。他们经常在一起讨论政事，切磋诗文，尽管有时争论得面红耳赤，可丝毫不影响他们的友谊。当柳宗元因参加王叔文改革而被贬到永州

（湖南省枣陵）做司马时，许多过去的朋友因此同他断了往来，但他和韩愈之间的书信却从没有间断，信中倾吐着相互思念的感情，还经常把自己的新作品寄给对方征求意见，对政治、人生等问题也经常交流看法。他俩互相支持。当韩愈因写作《毛颖传》而遭到一些人围攻、耻笑的时候，柳宗元挺身而出，他义正辞严地反击那些嘲笑者说："你们所喜爱的文章不过是一些模拟、抄袭前人、形式华丽而内容空洞的东西罢了，哪里能识得真正的好文章！"当韩愈提出了"文以载道"的文学主张，要求人们写文章要"言之有物"时，柳宗元不仅赞同这些主张，同时还写了许多论文，进一步充实了韩愈的理论。当韩愈提出了"不平则鸣"的口号，要求写文章敢于揭露现实时，柳宗元便用自己的写作实践积极响应，带头写了大量的"鸣不平"的文章。

柳宗元先于韩愈去世。逝世前，柳宗元给韩愈写了一封长信，托他关照自己的子女。韩愈接到信后，反复诵读，凄然泪下。为了缅怀老朋友生前的功绩，寄托自己的哀思，他赶写出了《柳子厚墓志铭》。

柳宗元死后的第三年，柳州人民为他修了罗池庙宇，并请韩愈为新建的庙宇写碑文。韩愈欣然接受，很快写出了《柳州罗池庙碑》，文中充分表达了对柳宗元的怀念之情。

## 张氏兄弟让秀才

> 二人同心，其利断金。
>
> ——《易·系辞上》

张楚金，唐朝人。他当过刑部尚书，是个德才兼备的人。

张楚金少年时发愤读书，才华横溢，17岁时同哥哥张越石一起参加地

方科举考试，考中了就可以当上秀才。

张越石和张楚金哥俩的成绩都很好，主考官却认为兄弟二人只能取一个，决定录取弟弟而不录取哥哥。张楚金对主考官说："论年龄，张越石比我大，按才能，张越石比我强。请您把我除名，录取我哥哥张越石吧！"

这个州的长官李绩，听说弟弟让功名的事，十分感动，赞叹说："国家选拔人才，本来就是选择德才兼备的人，张楚金兄弟相让如此，品德高尚，可破例录取兄弟二人。"

由于李绩的推荐，张楚金和他的哥哥一齐被录取。后来张楚金官职一直做到刑部尚书。名利地位时时考验着每一个有才能的人。能做到不伸手向国家和人民要名要利要地位，可算是正直的人。在名利地位面前能做到互相谦让、尊敬他人的人，称得上是高尚的人。每一个有才能的人，同时也应是一个高尚的人。

# 贺知章金龟换美酒

> 人生乐在相知心。
>
> ——（宋）王安石

唐玄宗天宝元年，伟大的诗人李白到各地巡游之后，来到了京城长安。

尽管李白的诗写得好，名气大，但因性格耿介，所以长安虽大，竟没有一个旧友，只好孤身一人住在小客店里。

一天，他去著名的道观紫极宫游览，碰见了著名的诗人贺知章（659~744）。贺知章自号"四明狂客"，是个三品大官。他任过皇家图书和出版机构的秘书监，此时担任"太子宾客"的官职。虽然与李白素昧平生，但早就读过李白的诗，极为景慕，这次邂逅相逢，一见如故，亲切地攀谈起来。

李白仪表堂堂，很得贺知章的赏识。他向李白索读新作，当他读完《蜀道难》时，惊讶地对李白说："听说天上的文星谪贬到人世间来了，看来，这谪仙就是你呀！"

天将晚了，贺知章邀李白去饮酒，在酒店刚坐下，才想起没有带钱来，就毫不犹豫地把悬在腰间的金饰龟袋解下来，做为酒资。

李白阻拦说："这是皇家按品级给你的饰品，怎好拿来换酒呢？"贺知章仰面大笑说："靠这算什么呢？我记得你的诗句，'人生得意须尽欢，莫使金樽空对月'。"

两人皆能豪饮，尽欢而别。接着，贺知章向唐玄宗推荐李白，唐玄宗也是久闻李白的大名，于是就任命李白为翰林学士。

## 娄师德以德报怨

爱人者，人恒爱之。敬人者，人恒敬之
——《孟子·离娄下》

有一次，女皇帝武则天单独召见宰相娄师德，谈论国事。她问娄师德能否推荐可以担任辅政大臣的人才，娄师德极力推荐了狄仁杰。武则天接纳了荐举意见，将狄仁杰从外地召回京城，和娄师德一起担任宰相。

狄仁杰不知道自己当宰相是由于娄师德的举荐，相反他心中老是记着过去和娄师德的一些不愉快的事情，因此，他耿耿于怀，常常当武则天的面讲娄师德的坏话。这一切，引起了武则天的注意。

一天，她在偏殿和狄仁杰闲谈，问狄仁杰："娄师德的品德好不好？"

狄仁杰的话里有刺："他带兵守边时，有过战功，品德好不好，不很清楚。"

武则天又问："他能发现和举荐出色人才吗?"

狄仁杰说："我和他一起，没有这方面的感受。"

武则天哈哈一笑说："你能当宰相，正是由于他的举荐呀! 依我看，没有比娄师德做得更好的了。"随即找出了娄师德的荐表，让狄仁杰过目。

事情出乎狄仁杰的意料之外，他十分惭愧，感叹地说："娄公的度量这么广阔，我全身都给包涵进去了，却还一点不知道人家，我比人家差远啦!"

从此，两人关系密切起来，共同辅助武则天管理国务。不久，北方的契丹国出兵犯边，侵陷了一些州郡，两人又一同率兵抵御，分路出击，驱逐了敌军，使边境居民重新安居乐业。

# 欧阳修与王安石互敬互爱

> 讲友谊而不无原则地随和，明是非又不影响情谊。
>
> ——中国谚语

欧阳修和王安石都是北宋时期著名的文学家和政治家。当初王安石考中进士以后，在扬州任职，此时欧阳修已名满天下，在京城开封任龙图阁学士。

一天，王安石的好朋友曾巩带着他的几篇文稿向欧阳修推荐。尽管王安石和欧阳修的地位身份相差非常悬殊，但欧阳修对这位青年的文稿还是非常赏识。他把这些著作收在编录佳作的《文林》里，向社会推荐。又通过曾巩关照王安石，要他的思路再开放一些，不要生造词语，力戒模仿。

王安石被调京任职以后，这两位朋友才得见面。欧阳修在高兴之余，写了首七律《赠介甫》（王安石字介甫），说自己虽雄心尚在，但年纪已大，力不从心了。希望王安石刻苦努力，写出超过前人的文章来。随后王安石也写了首《奉酬永叔见赠》的七律诗回赠，感谢欧阳修的关怀和礼遇，表示绝不辜负期望。

两人的友谊一直持续到晚年，并经受住了政见不一的严峻考验。王安石执政时推行新法，欧阳修不赞同，经常发生激烈的争论。但欧阳修却一直爱护着王安石，王安石一直很尊敬欧阳修。欧阳修去世，王安石亲自撰写祭文，表达自己沉痛悼念之情。

讲友谊而不无原则地随和，明是非又不影响情谊，这是多么难得呀！

## 宋仁宗与辽道宗互敬互爱

> 人之相知，贵在知心。
>
> —— （汉）李陵

一部宋辽交往史，并非总是刀光剑影，你征我伐，也有相当长的一段时间，两朝相安无事、礼尚往来。甚至两朝之间，也不乏友情。值得一提的是宋仁宗赵祯与辽道宗耶律洪基之间的友好关系。

耶律洪基当太子时，因仰慕宋朝的山川、风土、人物、文化，有一年混在辽朝使团中悄悄进入宋朝境内前往宋都汴京。宋朝边防的雄州守将认出了耶律洪基，忙把这个情况逐级报告了上去。宋仁宗得报，很重视辽朝太子的来访，特地将耶律洪基接到皇宫中，与皇后一起热情款待了他。临

别，宋仁宗还恳切地对耶律洪基说："吾与汝一家也，异日唯盟好是念，唯生灵是爱。"使得年轻的耶律洪基十分感动。

至和二年（1055），辽朝的兴宗皇帝去世，耶律洪基继位，是为辽道宗。辽道宗登基不久，就派使臣向宋朝表示：希望得到宋仁宗的画像。宋朝的一些大臣怀疑辽朝不怀好意，是想用"厌胜之术"即巫术来咒害宋仁宗，因而反对向辽朝赠送画像，宋仁宗却有把握地说："必不然。"欣然派遣御史中丞张升赴辽赠送自己的画像。张升到达辽朝都城燕京时，辽道宗亲自排列仪仗出宫，隆重地迎接宋仁宗的画像。

嘉庆八年（1063），宋仁宗逝世。当宋朝使者把噩耗报告辽道宗后，辽道宗悲痛得掉下泪来，他拉着宋朝使者的手感慨地说："四十二年不识兵革矣！"为了悼念宋仁宗，辽道宗命人将宋仁宗穿过又赠送给他留念的衣物埋葬成一座"衣冠冢"；还将宋仁宗的画像长期供奉在辽朝皇宫内。

# 苏黄互帮互助

> 唯宽可以容人，唯厚可以载物。
>
> ——薛宣

黄庭坚（北宋文学家，1045～1105）以诗文闻名于訾世，史学家拿他和苏轼并列，称为"苏黄"。这两位文学宦匠之间确实也有着深厚的友谊。

一次，两个人坐在一起讨论书法。苏轼说："鲁直，你近来写的字虽愈来愈清劲，不过有的地方却显得太硬瘦了，几乎象树梢挂蛇啊。"说罢哈哈大笑。

"师兄的批评，一语中的，令人折服。不过，师兄写的字，愚弟认为还是有一些……"黄庭坚犹豫了，没有说下去。

"说吧，说吧，"苏轼道："你干嘛吞吞吐吐，怕我吃不消吗？"

"好，我就斗胆了。"黄庭坚咽口唾沫，说："师兄的字，铁画银钩，道劲有力。然而有时也写得有些褊浅，就象是石头压的蛤蟆。"也许"石头压蛤蟆"的形象有些滑稽吧，两个人都笑得前仰后合了。

两位文豪常常互相学习，互相磨砺，互相批评，这如同春风化雨，使得友谊之树更加枝青叶茂了。

## 陆游诗激辛弃疾

> 天下快意之事莫若友，快友之事莫若谈。
>
> ——（清）蒲松龄

陆游（1125～1210），南宋大诗人。字务观，号放翁。山阴（今浙江绍兴）人。生当北宋灭亡之际。孝宗时赐进士出身，曾任镇江、隆兴通判。一生主张抗金，收复失地。晚年退居家乡，但收复中原的信念始终不渝。辛弃疾（1140～1207）南宋大诗人，字幼安，号稼轩，山东历城人。21岁参加山东抗金义军，创立了名震中原的"飞虎军"。他历任湖北、江西、湖南安抚使等职，坚决主张抗金复土，并与陆游有一段忘年的友爱之交。

由于主和派的打击和排斥，辛弃疾曾在江西上饶带湖旁，度过了18年退隐生活。

公元1203年，在南宋政府中专权的大官僚韩侂胄，想利用抗金来巩固自己的权位，便起用辛弃疾，任命他为浙东安抚使兼绍兴知府。于是辛弃疾以64岁的高龄，去绍兴上任。

81

当时，著名的爱国诗人陆游，已经80岁了，住在绍兴鉴湖旁，他和辛弃疾是好朋友。辛弃疾经常去拜访陆游，一道谈诗论词，一道议论国家大事。陆游从辛弃疾的杀敌誓愿中，感到心灵的慰藉；辛弃疾从陆游抗金不渝的信念中，受到战斗激情的鼓舞，两个人心心相印，肝胆相照，友谊愈来愈深。

翌年春，宋宁宗赵扩突然降旨要辛弃疾到京师临安（今杭州）去，征询他对北伐的意见。辛弃疾便把要去临安的事情，告诉了好朋友陆游。陆游觉得这是向朝廷提出北伐建议的好机会，心里非常高兴，鼓舞辛弃疾进京面圣要上书皇帝坚持抗金复土的主张。陆游从家里送走辛弃疾后，激情涌动，情思澎湃，爱国主义感情冲击着他的心扉。他伏在书案旁，提笔给辛弃疾写了一首长诗，诗中说："大材小用古所叹，管仲萧何实流亚。"陆游认为辛弃疾是古代大政治家管仲、萧何一流人物，做浙东安抚史是大材小用；热切地鼓励他积极参战恢复中原，不要因为受排挤不得志而介意。辛弃疾读了老诗人这首题为《送辛幼安殿撰造朝》（殿撰：宋代有集贤殿修撰等官，简称殿撰；造朝：赴朝廷）的赠诗，感慨万千，非常激动，思想上受到了很大的鼓舞。

辛弃疾到了临安，向韩侂胄提出了许多积极的北伐建议。但并没有得到大用，只是被安排为镇江知府。虽然遭遇的是陆游所说的"大材小用"的处境，但辛弃疾心里还是牢记着老诗人的殷切嘱托和热切鼓励，不以个人得失为介意，在镇江为准备北伐而苦心经营，他预先制成一万件红衲军装，打算招募新兵，严加训练，组成一支北伐劲旅。他还派人四出刺探金国的兵骑数目、屯戍地点、库藏方位、将帅姓名等情况。

但韩侂胄却借故把辛弃疾撤职了。辛弃疾只好回家闲居，身患重病，忧愤交加，再也没有见到老诗人陆游。不久，便病逝了。

当初陆游用"大材小用"四字感叹辛弃疾的不能一展抱负，十分有深意；人才浪费，是封建时代无法克服的现象。然而他们遇挫之后互相鼓励互相关怀的品质却成为了我们现代人无穷无尽的精神财富。

# 朱熹与陆九渊论敌相亲

古者，自天子达于庶人，必须师友以成其德业。

——（宋）程颢

南宋时期，朱熹（1130~1200）和陆九渊（1139~1192）是当时一对"论敌"。

朱熹是婺源（今江西婺源）人，他是继孔子以后在我国封建社会里影响最大的唯心主义哲学家。他的学问很渊博，著作很多。他的语录、文章和一些专著，被后人编辑为《朱子语类》《晦庵文集》《朱子遗书》和《四书集注》等。朱熹哲学思想体系中的基本范畴是"理"。他认为"理"是万物生成的本源，而"气"则是构成万物的材料。他说："有理而后有气。"

陆九渊是抚州金溪（今江西金溪）人，是一个主观唯心主义的哲学家。他提出"心即理也"的理论，认为"心是天地万物的本源"。他说："四方上下日宇，古往今来日宙，宇宙便是吾心，吾心即是宇宙。"朱熹和陆九渊这两位当时颇有影响的学者，学术观点针锋相对，常常发生争论，唇枪舌剑，据理争论，互不相让，各持己见，争论了十几年没有个结果。1176年陆九渊和朱熹在江西信州（今上饶）鹅湖寺进行了一场大辩论，这就是我国哲学史上有名的"鹅湖之会"。朱熹把封建的伦理纲常说成是客观存在的天理；而陆九渊，则把封建伦理纲常说成是人所固有的本心。但他们的争论根本目的都要人民安于现状而不要起来反抗。

在教育学生上二人也是见解不同。朱熹旗帜鲜明地提出了自己的见解："要教育学生明白道理，必须多读书。"

陆九渊针锋相对地提出："道理存在于人们的思维中，书读多了反而糊涂。"

朱熹不同意这种观点，拍案而起："学习不破万卷书，怎能有出息？"

陆九渊简直怒发冲冠了，他坚持说："书籍堆积如山，何年何月才能读完？"

这场争论，两人都声高颜厉，面红耳赤，争吵得不可开交。但是朱熹和陆九渊哲学思想和治学思想上的分歧，无数次的争论，并没有妨碍他们之间的友情。反而在争论中加深了友谊，成了论敌相亲的好朋友，他们两人互拜为师，互相学习，互相帮助，取长补短，完全没有门户之见。

后来，朱熹在庐山脚下办起了"白鹿洞书院"，他不但自己亲自讲学，还热情邀请陆九渊前来为学生讲学。而"论敌"陆九渊便欣然前去讲学，他深刻细致地剖析当时科举制度的种种弊端，使许多身受其害的学生很受教育，有的竟痛哭流涕，悔恨莫及。而朱熹对他的讲课非常赞赏，还将陆九渊的治学警句镌刻在石碑上，立于"白鹿洞书院"门口。

朱熹与陆九渊"论敌"相亲，千百年来被人们传为佳话。

# 明成祖与淳泥国王的友情

> 海内存知己，天涯若比邻。
>
> ——（唐）王勃

中国与文莱（淳泥国）人民之间的友好往来，具有悠久的历史。

明代朱元璋建国后，于洪武二年（1370年）8月，主动派出都监院御史张敬之，福建行省都事沈秩，出使淳泥国。他们在海上航行历时7个月，经暗婆国（即今印度尼西亚之爪哇岛）后抵达该国。双方经过亲密交谈，并进一步促进了两国人民间的友好往来。

第二年八月，浡泥国王马漠沙派出专使，随同张敬之等同来我国回访，得到了太祖朱元璋的厚礼相待，明永乐三年（1405），麻那惹那乃接任王位，又遣使来华，受到了明永乐帝朱棣的盛情款待。当时，浡泥国正遭受暗婆罗国的侵略，但不堪忍受其政治压迫和经济勒索，又鉴于明朝对外奉行友好的国策，在浡泥国访华使节返国后，浡泥国王麻那惹加那乃亲率王后、王子及王弟、妹、王亲和陪臣等150人组成的访华代表团，专程来华进行友好访问。消息传来，明成祖朱棣特派专使前往福建泉州迎接，明永乐六年（1408）8月乙未日，浡泥国访华团来到了大明王朝的首都南京。当天，明永乐帝朱棣在内宫华盖殿设宴，为浡泥国王洗尘。接着，又在奉天门举行了盛大的国宴后，将他们迎至国宾馆——会同馆歇息。中国明代皇帝朱棣和浡泥国王之间的亲密交谈，为两国人民的友谊谱写了新的篇章。

一月后，浡泥国王忽然患病。为此，明永乐帝朱棣万分焦急，他即派国医日日夜夜为他诊治疾病，又派皇亲、重臣前往探望国王的病体。日继一日，天天如此。于同年10月浡泥国王病势益重，眼见自己重病难愈，随即嘱咐王后：为了感谢中国人民的深情厚谊，如果他一旦逝去，愿将遗体："托葬中华。"还叮嘱年幼的王子，愿与中国世世代代友好下去！

10月乙亥日，国王病逝于会同馆，终年28岁。明永乐帝朱棣闻悉噩耗，沉痛哀悼，举行国哀。又派皇太子率文武大臣前往祭奠。当浡泥国王后转达国王临终前请求"托葬中华"的遗愿后，永乐帝朱棣立即答应。并命太常寺择日、选地，工部为国王赶制葬具，砌陵墓，还由礼部主持安葬仪式。当月庚寅日，举行奉安典礼、归葬坟茔并建享殿于墓前。专拨3户人家常年守墓。规定由礼部主其事，每年春秋二季举行祭祀。

现在浡泥国王之墓，坐落在南京市安德门外，乌龟山之南麓。这座墓前的石刻，有神通石碑1通，华表柱础1对，翁仲2对（马侠二、武将二），石马、石羊、石虎各1对，以及享殿的石柱础若干。这些雕刻精致、形象栩栩如生的石刻碑，置于松柏翠竹丛中，使这座陵墓显得更加庄严肃穆而富有生气。

# 魏源与龚自珍意气相投

> 欲取鸣琴弹，恨不知音赏。
>
> —— （唐）孟浩然

　　1794 年，魏源在湖南邵阳出生。那年，正是乾隆禅位前一年，是所谓"盛世"的终点，也是清王朝由盛而衰的起点，他生当其时，几乎亲眼目睹了"盛世"下滑的整个过程，对"衰世"有着铭心刻骨的体会。1825 年，他 32 岁受江苏布政使贺长龄之命编《皇朝经世文编》，到 1826 年冬天共编成 120 卷，成为了解那个时代的重要文献，不过那还是属于古代的范畴，是按照千年相续的传统思路编的。1826 年，他与龚自珍同时参加会试，双双落第，欣赏他俩才学的考官、礼部主事刘逢禄惋惜不已，黯然题诗《伤湖南、浙江二遗卷》，"龚魏"齐名由此开始。这是龚自珍第五次参加会试落第，直到 1845 年，龚自珍死后 4 年，魏源 52 岁那年才在补行殿试中恩科三甲 93 名，赐同进士出身，以知州分发到江苏，先后做过东台、兴化等地的知县。所以他要自嘲"中年老妇，再作新娘"。

　　1819 年，魏源与龚自珍在北京初次见面，就意气相投。他们都主张"经世致用"，都赞同走革新之路。当然，龚自珍对现实要比魏源等人更敏感，对"衰世"的感受也更深，尽管他还不具备世界眼光，不知道别样的文明。

　　1841 年 5 月，林则徐被清廷发配新疆伊犁。6 月，魏源在京口与林则徐见面，对榻倾谈，思想上产生很多震动。也就是这一次，林则徐嘱他编一部《海国图志》。当年 8 月，龚自珍应魏源来信邀请，到扬州相聚，得知老友正在编《海国图志》，大加赞赏，认为这才是真学问。自京都相识以来，他们切磋学问，议论时政，或见面，或书信往来，转眼已有20多个年头。8月5日，龚自珍回到当时栖身的丹阳书院。孰料仅仅7天后（8月12日）就在丹阳猝逝，终年50岁。

1842年12月，魏源参考林则徐组织编译的《四洲志》、历代史志、明代以来的岛志及一百多种中外书籍，终于辑成《海国图志》50卷，从而揭开了中国认识世界的序幕。在他们前赴后继、艰苦卓绝的努力下，中国人民开始认识了世界，他们的友谊也将流芳百世。

## 康有为与墨西哥总统的友谊

> 人生所贵在知己，四海相逢骨肉亲。
>
> —— （唐）李贺

戊戌变法失败后，慈禧太后以10万两白银的高价收购康有为的头颅。康有为只能以四海为家，在异地他邦漂泊长达15年之久。在此期间，他周游列国，足迹遍布亚、欧、美诸洲，行程达60万里。在周游世界各地的过程中，他不仅细致地考察了各国的政教、风俗、文物、制度，同时广交天下名流志士和拜会各国政府首脑、要员，从而加深了对世界的了解，增进了中外人民的友谊。其中，他与墨西哥总统迪亚斯的交往，更成为中墨友谊史上的一段佳话。

1901年夏，墨西哥总统迪亚斯电告墨驻美公使，表示希望会见正在美国旅居的中国维新志士康有为，该公使马上向康有为本人转达了迪亚斯总统的盛情邀请。随后不久，迪亚斯总统又来函敦促此事。康有为愉快地接

受了迪亚斯总统的邀请，于6月28日抵达墨西哥京城，翌日便受到了迪亚斯总统的热情接待，康有为曾作有《谒墨西哥总统对问记》，详尽地记叙了这次富有历史意义的会见。

当日，康有为驱车来到总统夏宫大门，门卫持枪行礼，并由侍卫官引至金碧辉煌的正厅，稍坐片刻，总统便笑容满面地从里面迎了出来，两人紧紧握手，互致敬意，宾主进行了友好的交谈。康有为首先赞扬了墨西哥在迪亚斯总统领导下，人民安居乐业、政治修明、社会稳定。他说："今世界治国者，文武成功，以总统为第一英雄"，"我极仰慕。故我今日以得见为欣幸。"总统十分谦逊，称赞康有为不惧艰险变法图强的精神，并衷心祝愿中国的变法事业取得成功。接着，他关切地询问康有为此行有何事需要帮忙的，愿意大力相助。康有为回答说，准备撰写一本《墨西哥国志》，此行就是要搜集一些材料。总统昕后，十分高兴，表示希望能早日读到此书，并将组织人手尽快译成西班牙文。

随后，双方的话题转到了华侨及开发墨西哥问题上来。康有为说："吾华人今多委资来墨，信总统也，甚感保护之大德。"总统则向康有为表明了"吾国待各国平等，贵国人来，吾甚喜，必力保护之"的立场，表示欢迎华侨投资和开发墨西哥。康有为对此深表谢意。宾主的谈话无拘无束，感情融洽，不知不觉已谈了一个多小时，康有为彬彬有礼地准备告辞，迪亚斯总统意犹未尽，谈锋甚键，诚意挽留，并极为热情地继续向康有为详尽地介绍墨西哥的政治演变及自身经历。又过了一个小时，康有为起身告辞说："吾今日见世界大英雄甚喜。"总统也笑答："吾见中国维新者甚喜。"俩人紧紧握手，依依惜别。

接连几天，迪亚斯总统又亲派侍卫官着礼服陪同康有为参观和游览了学校、监狱、博物馆，观看了士兵操演。所到之处，皆以大典相迎。为感谢迪亚斯总统的盛情款待，康有为特意回赠一幅绣缎幕作为纪念，总统很高兴地收下了，并派枢密长回拜送行。

康有为这个被清政府缉捕而流亡的"要犯"、"首恶"，在墨西哥却受到极高的礼遇，并受到墨西哥总统的亲切接见和盛情款待，这表现了墨西哥人民对中国维新志士的敬仰和爱护。当时的中国贫弱、落后，海外广大侨胞如同母亲的孩子，更是备受歧视，"排华"恶浪翻卷。在这种情形下，迪亚斯总统却明确表示了对中华民族平等相待，对在墨华侨大力保护的正当立场，体现了墨西哥人民对中国人民的深情厚谊。康有为和迪亚斯总统两人的友好交往，并不仅仅是个人间的友谊，也是中墨两国人民友谊的缩影，这段佳话是值得传扬的。

## 冯玉祥与孙中山的神交互勉

> 志合者，不以山海为远；道乖者，不以咫尺为近。
>
> ——（晋）葛洪

冯玉祥与孙中山生前虽未见过面，但彼此神交已久，坦诚相待，情感深厚。冯玉祥对孙中山非常敬仰，是孙中山革命思想的信徒。他说："我景仰中山先生已20年，信使往还者已多年，但我一直没有得着见他面的机会。这正是我心中遗憾的一点。可是我从敬仰中对他所生的一种敬爱之情，决不因此而稍有不同。我总觉得自己在精神上和他长在一起，从他跟前我得到启示与鼓励，使我走上革命的道路，明白了救国的要诀。"孙中山对冯玉祥也了解信任，曾派专人将他的手稿《建国大纲》送给冯玉祥斟酌。这种知遇之感和孙中山的谦虚态度使冯玉祥深深感动，难以忘怀。

早在辛亥武昌起义时，冯玉祥就举兵响应。而后，一直追随孙中山的革命事业。1918年冯玉祥为支持孙中山组织发动的"护法运动"，被段祺瑞免职。后因全军将士拥护冯的正义立场，坚决要求冯继续任职，段怕事态扩大，才只好收回成命。冯玉祥事后致书孙中山，表示虽然还不能直接追

让青少年懂得
**团结友爱**的故事

随他，但精神上已和他结合在一起了。孙中山派人带亲笔信面交冯玉祥；冯玉祥也派秘书去谒见孙中山，表示"只要用得着我时，无不尽力以赴"。

1924 年，冯玉祥发动北京政变，倒戈反直，囚禁曹锟，驱逐溥仪出宫，这一革命行动是与孙中山的帮助支持分不开的。当时冯玉祥对曹锟的贿选和军阀混战深感厌恶，托人带给孙中山对时局的五条意见，提出实行民主、改革政治和团结协商等具体主张。孙中山派代表告诉他，在当前的形势下，首要任务是先打倒反动的直系军阀，冯玉祥答应俟机而动。北京政变成功后，冯玉祥主持召开政治军事会议，将所部改称"国民军"，冯玉祥任总司令，并且请孙中山北上，"共筹统一建设方略。"孙中山致电冯玉祥，热烈祝贺，慨然表示"建设大计亟须决定，拟即日北上，与诸兄晤商。"冯玉祥派代表持亲笔信前往广东欢迎孙中山，嘱咐北京警备总司令："孙先生到京后，一定要尽力保护。"并说："国民党的队伍，就等于孙先生的队伍，应听从孙先生的指挥。"孙先生扶病上北京时，段祺瑞与张作霖勾结在一起，排挤冯玉祥，冯玉祥被迫通电辞职，到京西天台上隐居，后移往张家口，未能与孙中山见面。冯玉祥得知孙中山的肝癌渐渐加重，即派夫人李德全带着他的亲笔信前往拜望，孙中山这时送给冯玉祥 6000 本《三民主义》、1000 本《建国大纲》和《建国方略》。冯玉祥全数分发给各部队，令官兵列为正课，悉心研读。

孙中山病逝的噩耗传来，冯玉祥所部全体官兵无不震痛，皆缠黑布 7 日，以志哀悼。冯玉祥写了悼词，对孙中山给予崇高的评价，并表示要为完成孙中山的革命事业贡献余生。

冯玉祥与孙中山这种神交互勉的友爱之情传为了千古佳话。

RANGQINGSHAONIANDONGDETUANJIEYOUAIDEGUSHI

# 孙中山和李大钊

君子淡以亲，小人甘以绝。

——《庄子·山木》

　　孙中山是中国旧民主主义革命的先驱，是中国国民党的创始人。李大钊是中国共产党早期的领袖之一。他们两个人有着深厚的革命友谊。

　　早在一九一九年，李大钊就结识了孙中山，并且有过接触。一九二二年八月，在军阀陈炯明叛变，孙中山正走投无路的时候，李大钊在林伯渠的陪同下，专程从北京到上海和孙中山见面。孙中山对李大钊这种真诚的帮助感激万分，两个人"畅谈不倦几乎忘食"，非常投机。

　　孙中山特别钦佩和尊敬李大钊，总是欢迎李大钊到他家去，他说："这是我的真正革命同志。"一九二四年一月，在广州召开了国民党第一次代表大会，孙中山确立了联俄、联共、扶助农工的三大政策和新三民主义。会前，孙中山指定李大钊为北京出席国民党"一大"的代表，并要他提前一个多月赶到广州，协助自己筹办大会的各项工作。会议期间，李大钊是大会主席团的五个成员之一。孙中山很看重李大钊，有关大会的决策性问题，都要同他商量决定。

　　李大钊对孙中山非常敬重和拥戴。他认为孙中山是亚洲人向着自由与光明奋斗的领导者，是非凡的伟人。

　　1925 年初，孙中山为了谋求南北统一，离开广州北上谈判，李大钊亲自到北京车站迎接。同年 3 月，孙中山不幸病故，李大钊非常悲痛，领导北京的党团组织，发动 30 多万群众参加悼念活动。出殡时，他亲自为孙中山

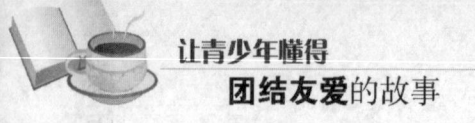
扶灵。李大钊还写了一幅长达214字的挽联，表达他对孙中山的深切哀悼。

## 邓稼先与杨振宁至诚相待

> 交情老更亲。
>
> —— （唐）杜甫

在20世纪中叶的科学天幕上，有两颗令炎黄子孙引为自豪的闪亮星斗。它们分别升起在太平洋东西两岸，光芒耀眼，交相辉映。

这是两位卓越的核物理学家。一位是美籍华人扬振宁教授。他与李政道教授共同提出的宇称不守恒原理，开辟了微观粒子研究的新天地，荣膺1957年度诺贝尔物理学奖，从此奠定了他在国际学术界的地位，成为腾起的科学巨星。一位是中国原子弹、氢弹事业的先驱邓稼先。他为在中华大地上点燃神奇之火，殚精竭思，辛勤耕耘了30年。只是由于他所从事的工作性质特殊，一直到他去世前不久的1986年，他的英名始被人们传诵。

至今鲜为人知的是，这两位同样对科学做出巨大贡献，又走过各自不同人生轨迹的科学家，他们之间相交相知50年，至诚相待，意气相投，他们真诚的友谊，谱出了现代科学史上的一段佳话……

杨振宁与邓稼先从小就读于北京西单一所英国人办的教会学校——崇德中学。他们的父亲同在北京清华大学任教，因此两家的来往很密切，从小彼此意气相投。

杨振宁比邓稼先大2岁，他天资聪颖，才思敏捷，是个老师和同学都喜欢的"机灵鬼"。可是他从不恃才自傲，也从不欺负弱小同学。邓稼先也很聪明，但性格较为沉稳，待人忠实厚道，真诚可靠。这两个朋友在一起，互相都很珍视对方身上的长处，并作为自己性格的补充。

抗战时期，他们因学校迁往昆明，又先后考入西南联大物理系，共同在一起学习了3年。他们一起躲警报的时候，共同阅读从图书馆借来的专业书籍，共同讨论物理学上的问题。西南联大的学习生活，对振宁和稼先一生都很重要。他们不但学到了丰富的物理学知识，而且在残酷的战争和艰苦的生活中锤炼了意志，也加深了他们之间的友谊。这两个青年亲身体验到民族被蹂躏的痛苦，决心掌握先进的科学知识，将来为国家做出自己的贡献。

1945年抗战胜利后，杨振宁、邓稼先先后考取了留美研究生。他们相聚在异国，在芝加哥邓稼先与杨振宁、杨振平（杨振宁的弟弟）同住在租来的一间房子里，一起游玩、散步、聊天，同温儿时的情景，探讨学术上的问题。这是他们在美期间相聚时间最长，玩得最尽兴的一次。在杨振宁和邓稼先的家里，至今仍保存着他们当时合拍的照片。

后来，杨振宁与在美留学的杜聿明先生的女儿杜政礼结婚，在美定居，从事理论物理的科学研究。邓稼先在1950年8月20日，取得博士学位，冲破重重阻挠，于8月29日登上归国的路程。

在美留学期间，杨振宁和邓稼先都是用两年攻下了博士学位，他们却掌握了当时处于世界最前沿的理论核物理科学. 为他们将来卓越的成就奠定了坚实的基础。

1958年春天，一副历史的重担压在邓稼先的肩膀上，他被选作研制中国第一枚原子弹的主攻手。在这个神秘而充满荆棘的领域里开始艰难的起步。

1964年10月，神州升起第一朵蘑菇云，全国人民为之欢腾。杨振宁这时也成为美国国家科学院院士。他听到这一喜讯，激动不已。一直想回国看看。由于政治上的原因，1971年才实现这个宿愿。但稼先已被关进"学习班"，由于周总理的干预，这对阔别20多年的老朋友，才得以相见。邓稼先在得到总理的批示后，将原子弹是中国人自力更生制造成功的消息告诉振宁时，他再也控制不住汹涌的激情，热泪滚滚而下。

20世纪70年代，杨振宁更加关心祖国的科学事业，多次到中国讲学和访问，他给稼先带来交响乐唱片及一副设有电脑程序的国际象棋。要稼先

注意休息和娱乐。极度的紧张和繁忙，过早吞噬了邓稼先的健康。1985 年稼先得了直肠癌，而且癌细胞已扩散……

邓稼先住院期间，振宁二次前往医院探视，并在美买到治疗新药，请大使速送北京，但已为时晚矣，1986 年 6 月振宁又来看望稼先，并送上一大束鲜花。稼先吃力地对妻子说："振宁知道我不行了，所以送来特大的一束鲜花……"

1986 年 7 月 29 日，一颗科学巨星陨落了。1987 年 10 月，杨振宁来到中国，前往八宝山革命公墓祭奠稼先。他徐徐步行到墓地，献上一瓣心香，洒泪痛悼故友，悲不自胜。他想起了稼先与他的半个世纪的友情。他曾写信慰问稼先的夫人，"希望你在此沉痛的日子里多从长远的历史角度去看稼先和你的一生。只有真正永恒的才是有价值的。"振宁听人说，稼先被委以重任时就说过："为了完成这项任务，死了也值得。"在去世前几天，稼先又欣慰地自语："我死也瞑目了！"振宁默默地说："稼先，你功垂千古，你可以无愧地长眠了！

杨振宁和邓稼先，他们都是杰出的炎黄子孙，他们的友谊经受了时间和历史的考验。他们的友谊属于那种高层次的、超越世俗观念的、赤诚相见的挚友神交。他们应该是民族的永恒的骄傲！

## 宋振庭与傅抱石一见如故

> 相逢方一笑，相送还成泣。
>
> ——（唐）王维

宋振庭 1921 年生于吉林省延吉市，只读到初中，16 岁便投身抗日洪流，奔赴延安参加革命。他是在革命烈火中锻炼成长的共产党的一位高级干部。解放后，他一直担任文教宣传方面的领导工作。同时，他又是一名出色的马列主义教授．著名的杂文作家，还是戏剧家协会会员，新闻协会理事；他善于吟诗作画，出过画集，开过画展；他还懂得医道，能把脉开方子。在党的众多老干部中，像他这样博学多才的人实不多见，可说是个奇迹。

宋振庭愿意广交朋友，他结交的人非常广泛，可谓三教九流。他有很多艺术界的朋友，相交都很深，他与大画家傅抱石的关系，更为特殊，颇有些传奇色彩。

1959 年傅抱石和关山月为人民大会堂创作了《江山如此多娇》的巨幅国画以后，1961 年夏作了一次愉快的东北之行。宋振庭在北京曾看过这幅气势磅礴的杰作，对他十分欣赏慕名已久。他们二人到长春后，作为吉林省委宣传部长的宋振庭，与吉林的美术界人士接待了这二位大师。

傅抱石的脾气很倔傲，对一般领导干部是并不在意的。画家们在一起，三句话不离本行，聊起画来，宋振庭有时就插上几句。傅抱石听了很觉意外，开始注意宋振庭了。他们聊起了笔墨源流，题画诗词等。初次交谈就十分合拍，两人都很愉快。

第二天晚上他们再见面时，傅抱石就开玩笑地说："宋部长，你今天请我喝酒好不好？"宋振庭赶忙找来一瓶茅台，两人对饮交谈起来。他们天南地北、海阔天空，象故友重逢那样投机和贴心，都觉相见恨晚。后来，傅抱石要宋振庭对他的画提提意见，宋振庭也就直率地指出了他的缺点和不足之处。傅抱石听了以后，站起身来整整衣衫，对宋振庭行了个鞠躬礼，说道："你是我的老师！真是与君一席话，胜读十年书。"他的举动，搞得宋振庭很不好意思。因为谁都知道傅抱石这个人是很清傲的，自称为"江西犟人"。事后，他对关山月说："想不到东北还有这么个人，地方官里还有这样懂艺术的人。"

后来接连几天，他们促膝长谈，越谈越深。傅抱石谈到自己小时候的贫困生活，刻苦学画的经历，后来怎样得到徐悲鸿的赏识，留学日本。还介绍了自己的家庭．妻子儿子的情况。宋振庭也说起自己 16 岁初中毕业.

奔赴延安投身革命洪流。又如何读书、求知，遭遇很多挫折. 付出了高昂的代价。他们互相间交换了很深的思想。他俩一见倾心，结为知己。傅抱石一般是不轻易给人画画的，可这一次. 他给宋振庭一连画了十几张。

傅抱石来东北时. 带了四张扇面画，是他画的离骚和湘夫人等人物，背面还题了诗，都是精品。在北京已被郭沫若等人要了两张。一路上，关山月都在打他的主意，傅抱石就是不肯给。这次到长春，竟把两幅扇面画统统送给了宋振庭。在回去的路上，傅抱石还多次和别人谈起宋振庭，说这次在东北，我结交了一个新朋友宋振庭，省委宣传部长，官不算太大，但很难得。回到南京，对夫人罗时慧说："人活一辈子有些事很奇怪，这次在东北认识了宋振庭。我们虽是初交，但却一见如故，两心相印，三生有幸，四体不安，五内如焚，六欲皆空，七情难泯，八拜之交，九死不悔，十分向往。"他一口气说了十字真言。

经过 10 年动乱，一别多年之后，当宋振庭去看望傅抱石夫人罗时慧时，她还说："你们两人感情深到这个程度，对抱石来说是少有的。"的确如此，宋振庭和傅抱石单独交谈的时间，前后加起来不超过 30 小时，竟能达到如此深交的地步，不能不让人赞叹这种友谊的传奇色彩。

# 柏格曼由蔑视到尊敬舍勒

> 友谊要用真诚去播种，用热情去浇灌，用原则去培养，用理解去护理。
>
> ——萨迪

学徒出身的药剂师舍勒，向瑞典斯德哥尔摩科学院交了两篇论文。大化学家柏格曼读了以后，轻蔑地笑了："实验报告的格式都不懂，还想研究哪!"于是，他草率地给退了。

后来，舍勒转到洛克药房任药剂师，结识了锰的发现人——甘向柏格曼。

甘向柏格曼说："舍勒真是个人才!"柏格曼这才想请舍勒到家里聊聊。这一聊不打紧，柏格曼暗暗惊异："这个青年真了不起!"于是就开始精心培养，帮助舍勒在原有的基础上"升华"。当年舍勒的论文被柏格曼退了稿，但柏格曼因舍勒的论文受到启发，吸取了论文中有用的东西，写进到自己的论文中去了。舍勒也不见怪，虚心地向柏格曼学习。两个人关系密切，水乳交融。

在柏格曼的帮助下，舍勒发现了氯和氨，比普利斯特列早一年独立发现了氧，还有其它的重大发现，成了声望比柏格曼更高的化学家。即使这样，舍勒仍然尊敬柏格曼。

舍勒在 43 岁时就去世了。柏格曼悲痛欲绝，说："我真想到地下也同舍勒一起研究问题啊!"

## 维勒和李比希水火相容

谁要是蔑视周围的人，谁就永远不会是伟大的人。

——左伊默

人们谈到维勒（德国化学家，1800～1882）和李比希（德国化学家，1803～1873）两个人的关系，就说："他俩真是水火相容啊!"

1829 年，维勒给李比希发出一封要求合作的信，不久，李比希回信同意，于是两人的合作就开始了。

他俩的性格真是如同水火。李比希激烈、爽朗、勇敢,自信、好奋斗、肯牺牲,是个风风火火的化学家;维勒温柔、平和,有耐心,有见识,遇攻击不动声色,显得没有生气。人们说:维勒是"一盆冷水彦",李比希是"一圃烈火"。但由于他们"感情相同,正直无私相同,致力科学相同,学问务求彻底相同",因此关系一直很好。他俩密切合作,相得益彰,共同对无机化学、有机化学作出了贡献,同是有机化学的创始者。

李比希在自传中写道:"我有个大好运气,即得到一位志趣相投和目的相似的朋友。过了这么多年,我现在和这位朋友仍然以最大的热诚相结合……我们毫无妒忌,手携手地努力向前,这一位要行动时那一位已经准备好了。"

# 达尔文与华莱士不谋而合

> 创造人的是自然界,启迪和教育人的却是社会。
>
> ——别林斯基

英国著名博物学家达尔文这几天太兴奋了。他就要把自己花费了近20年心血写成的《物种起源》一书付印出版了。对于一个致力于科学事业的人来说,再也没有比这更令他激动和幸福的了。

一天早晨,工作到很晚的达尔文刚刚起床,就收到了一位远在马来亚的朋友华莱士(英国博物学家,1823～1913)寄来的一封信和一份有关生物进化论问题的手稿,信中诚恳地请求达尔文阅批文稿,提出坦率的批评。

"惊人的不谋而合!"达尔文连连大声嚷着,他为华莱士那精湛的研究成果感到高兴,也为他们研究命题上的一致感到惊奇。同时他也感到非常为难，不知道该如何处置华莱士和他自己的文稿，因为这两个文稿水平非常近似。

其实有个朋友劝达尔文，让他抢先发表自己的论文，但达尔文没有这样做，甚至决定中断自己的写作，而把物种起源这一人类认识史上的重大突破，全部归在华莱士的名下。华莱士得知这一消息后，深深为达尔文无私的友谊和高尚人格所感动，他无论如何不接受这样的恩赐。争执许久，最后只得以他们二人共同的研究成果公诸于世。

很久以后，华莱士提到这件事，仍感动不已，他谦逊地说："我是偶然的幸运，本来应归功于达尔文的独特发现，我却分享了他的荣誉。"

## 焦耳与汤姆生从对手到朋友

> 在背后称赞我们的人就是我们的良友。
>
> ——（西）塞万提斯

英国牛津城的 6 月，绿树成荫，鲜花盛开。英国的一次学术会议正在这里举行。

一位名叫焦耳的年轻人要求在会上宣读自己关于能量守恒和转化定律的论文。他当时只有 30 岁，又没有受过学校教育，只是一个普通的酿酒师，因此大会主席以会议内容多为借口，不许他宣读论文。

"热不可能转为功"。汤姆生坐在椅子上，撇撇嘴说："这简直是胡闹。"他是一位在英国有较高学术地位的物理学家，是热质论的拥护者，认为热不能转变为功。

当大会主席只许焦耳在会上做实验并对实验作简单介绍时，汤姆生说：

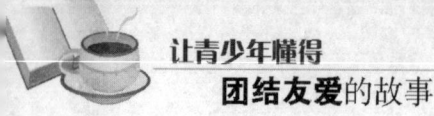

"这就够了，足够了。"

焦耳在会上做了自己的实验。汤姆生和其他物理学家一齐观看。在听焦耳的实验介绍时，汤姆生陷入了沉思。他仍然拥护热质论，但又觉得焦耳的实验很有道理，提出了一个新问题。这时大会主席说："焦耳的实验已做完，各位不用浪费时间去讨论了。"汤姆生立即站起来，说："我坚决反对。我不同意焦耳的结论，但认为有必要讨论……"

"哟，汤姆生怎么啦?"

会场立刻哗然，人们议论纷纷，对这位有声望的热质论拥护者感到不可理解。

然而，焦耳对这位自己结论的反对者汤姆生的发言非常感激。

由于汤姆生的坚持，焦耳的试验顿时引起物理学家们的重视，并广泛深入地进行了研究和讨论。

3年后，许多科学工作者通过不同的途径获得同焦耳一致的结论。此时，焦耳的结论被物理学界公认为正确的。焦耳也被吸收为英国皇家学会会员。曾经反对焦耳的汤姆生也改变了自己的观点，接受了热功当量学说。他找到焦耳，说："我们一起来研究热功当量的问题吧!"

"好啊!"焦耳握着汤姆生的手，感激地说："不是您在学术会议上的发言，我至今恐怕还翻不了身呢!"

两个"敌手"成了朋友。从此，在科学研究和实验的道路上，两人互相支持，取长补短，取得了丰硕的成果。汤姆生从焦耳那里得到了他从未有过的思想，焦耳从汤姆生那里第一次听到卡诺所的有关方面的工作。后来，在焦耳的协助下，汤姆生对能量守恒和转化定律作了精确的表述。从此，这个定律才真正被人们接受。焦耳和汤姆生两人的精诚合作，及其他科学家对这个定律的不断完善，为物理科学作出了重大的贡献。使能量守恒和转化定律成为19世纪自然科学三大发现之一（另外两大发现是进化论和细胞学说）。

# 柴可夫斯基的知音

> 友谊是精神的融合，心灵的联姻，道德的纽结。
>
> ——佩恩

演奏开始了，柴可夫斯基亲自指挥他精心创作的《第四交响乐》的首场演出。他那热情奔放、飞荡飘逸的指挥棒调动起了整个乐队的激情，深沉动人的乐曲在整个大厅里回荡。

作曲家在乐谱封面上亲笔题签："献给我最好的朋友！"这最好的朋友指的是谁呢？在全场观众中，只有一个人知道。那就是沉浸在乐曲中的梅克夫人。她今天是冒着莫斯科隆冬寒夜的风雪，抱病来观看演出的。

梅克夫人是一位很富有而又有很高音乐修养的寡妇。她非常喜欢柴可夫斯基的作品，也深深爱着这位才华出众的作曲家，常常慷慨资助他。但他们除了在信中交谈对音乐的见解或在音乐会上相见外，几乎没有私下来往过。

有一次，他们偶遇街头，也只是羞涩地互相点了点头。可是，在他们的心中，却都怀着对对方的真挚的情谊。

这样的友谊，他们保持多年。后来，柴可夫斯基为了表示对梅克夫人的感激和敬慕的心意，创作了《第四交响乐》，以此献给梅克夫人——他的音乐上的知音和经济上的资助者。

半月后，梅克夫人写信给作曲家："在你的音乐中，我听到了我自己……我们简直是一个人。"

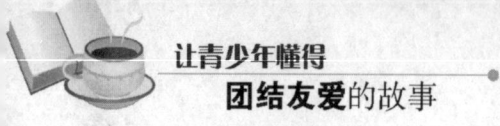
# 利斯特分享成果

> 人家帮我，永志不忘，我帮人家，莫记心上。
>
> ——华罗庚

法国著名微生物学家巴斯德，做了许多实验，终于发现了细菌是造成物质腐败的罪魁祸首。

英国外科医生利斯特是这种理论的最早响应者和实行者，他研究出病人手术后伤口化脓之因——由于病菌作怪。他参照了巴斯德的高温消毒灭菌法，用石炭酸来消毒手术器械、绷带和医生的手，他做的手术再不受病菌感染而发炎。利斯特还把消毒方法介绍到爱丁堡医院，收到了很好的效果。

利斯特获得了巨大的成功，但他没有把战胜病菌感染的功劳记在自己的头上。

1874 年，利斯特发自爱丁堡的致巴斯德的一封信便是明证，信中写道："敬爱的先生：请你允许我乘这机会恭恭敬敬地向你致谢，感谢你指出细菌的存在是腐败的真正原因，只是根据这唯一可靠的原理，才使我找到了防腐的方法。假如你到爱丁堡来游历，你可以看到，在我们的医院里，已有大规模的设备，人类已经享受到你的工作所贡献的幸福。"

他们这种在荣誉面前敬重他人如他人分享的优秀品质值得后人学习。

# 马克思与恩格斯冰释前嫌

> 朋友间的不和，就是敌人进攻的机会。
>
> ——伊索

1863 年 1 月 8 日，恩格斯怀着十分悲痛的心情，把妻子病逝的消息，写信告诉马克思。

过了两天，他收到了马克思的回信。信的开头写道："关于玛丽的噩耗使我感到极为意外，也极为震惊。"接着，笔锋一转，就说自己陷于怎样的困境。往后，也没有什么安慰的话。

"太不象话了！这么冷冰冰的态度，哪象二十年的老朋友！"恩格斯看完信，越想越生气。过了几天，他给马克思去了一封信，发了一通火，最后干脆写上："那就听便吧！"

"二十年的友谊发生裂痕！"看了恩格斯的信，马克思的心里象压了一块大石头那样沉重。他感到自己写那封信是个大错，而现在又不是马上能解释得清楚的时候。过了十天，他想老朋友"冷静"一些了，就写信认了错，解释了情况，表白了自己的心情。

坦率和真诚，使友谊的裂痕弥合了，疙瘩解开了。恩格斯在接到马克思来信之后，以欢快的心情立即回了信。他在信中说："你最近的这封信已经把前一封信所留下的印象清除了，而且我感到高兴的是，我没有在失去玛丽的同时再失去自己最老的和最好的朋友。"

# 重情重义　同心同德

## 俞伯牙摔琴酬知己

> 钟子期死，伯牙终身不复鼓琴。
>
> ——《汉书》

春秋战国时，有个楚国人姓俞名瑞，字伯牙，在晋国做官，很善于弹琴。《学记》中曾有："伯牙鼓琴，而六马仰秣"。有一年，他到楚国去办事，顺便回家探望多年未见的亲友。

伯牙坐的船开到汉阳江口，因遇大雨无法继续前进，停泊在一座山脚下。过不多时，雨停了，江面上风平浪静，天空出现一轮明月。面对如此优美的景色，伯牙兴致大发，对书童说："点一柱香，把琴拿来，我要弹琴。"伯牙接过琴，调好弦，专心地弹了起来，弹了好一阵，他猛一抬头，发现岸上的岩石下面，有个人影，一动不动地站着，他吃了一惊，"啪"地一声，一根琴弦断了。伯牙很疑惑，叫童子去问船夫，这儿是什么地方？船夫答道："刚才躲避风雨，停泊在山脚下，这里没有人家。"伯牙更加疑惑，心想：如果这里是集镇或大村庄，还说不定会有人听得懂我的琴，而在这荒郊野外，怎么会有听琴的人呢？或许是强盗要拦路抢劫吧！想到这里，他心里慌乱起来，不禁颤声喊道："捉贼啊！岸上有贼！"船上的人都被惊动了，涌出船舱。准备上岸去。这时，只听岸上的人用平静的口气向伯牙喊道："船上的先生，请不要疑心，我不是贼，是樵夫。今天打柴回来晚了，遇到暴风雨，就在这岩石下避雨，正听到船上有人弹琴，弹得太好了，我就一直站在这里听着。"伯牙听了这话，总算镇静下来。但接着却又说："我在朝廷中做了多年官，找不出一个真正能听懂我弹琴的人。你一个乡野樵夫，也配听我的琴么？"岸上的人哈哈大笑，说道："先生，你错了。常言道：'门内有君子，门外君子至。'你以为荒山中一定没有能听懂琴的人么？那么请问，在这深更半夜里，为什么荒山脚下却有弹琴的人？"伯牙被问住了，他沉默了一下，便走近窗口，提高声音说："你既然是听琴的，那么你说说看，我刚才弹的是什么曲子？"那人笑答："你刚才弹的是孔夫子赞叹颜回的那首曲子。歌词是：'可惜颜回命早亡，教人思想鬓如霜，只因陋巷箪瓢乐'，你弹到这里，琴弦断了，没再弹下去，我记得第四句是'留得贤名万古扬！'"伯牙听罢大喜，忙把那人请上船来，只见他头带斗笠，身披蓑衣，脚穿草鞋，背着一捆柴，腰间别着一把斧子，地道的樵夫打扮。

伯牙请那人在自己对面坐下，又叫书童端上茶来。他想，这个樵夫到底能懂多少音乐呢？我来试试他。于是他问："从前孔夫子在房间里弹琴，颜回听到琴声中低音幽沉，就问孔夫子是否有什么不高兴的事。孔夫子说：'我弹琴时，看见一只猫在捉老鼠，我希望它能捉到，又担心到嘴的食物跑掉，这为猫担心的心情，不知不觉地在琴声中流露出来了。'这个故事说明，同一支曲子，弹奏时的心情不同，效果也会不同。如果我弹琴的时候，心里也在想什么，你能听出来吗？"樵夫说："你先弹一曲。我试着听听，若猜得不对，请不要见怪。"伯牙调好琴弦，想起高山的雄伟姿态，开始弹奏起来，樵夫凝神听着，脸上现出愉快的表情，仿佛整个身心都沉浸在庄严优美的旋律中。一曲完了，他轻轻拍着桌子，赞叹地说："气势多么磅礴啊，好像雄伟的泰山一样。"伯牙听了不动声色，他沉思片刻，想起浩浩荡

荡的江河又继续弹奏了一曲。琴声刚停，樵夫便高兴地站起来，连声称赞道："好极了！就如同烟波浩渺广阔无边的江河！"伯牙万万想不到自己的心意，竟完全被樵夫猜到了，他惊喜万分，赶忙站起身，紧紧握住樵夫那粗壮的大手，激动地说："美玉原来是藏在石头中的啊！我怎能凭地位、衣着来看人呢？太蠢了，太蠢了！多少年来，我一直梦想着会有一个能真正听懂我的琴，了解我的志趣的人，今天，我找到了，找到了！这就是你呀！"

这樵夫姓钟名子期。从此，伯牙和子期成了知心朋友。后来伯牙又一次来访子期，却听到子期不久前病故的噩耗。伯牙悲恸至极，在子期的坟前将琴摔碎，说是子期死后，再无知音之人了，他也不再弹琴了。

伯牙、子期的相知，被传为千古佳话，后人慨叹道："昔伯牙绝弦于钟期，……痛知心之难遇也！"

# 管鲍之交

> 贫游不可忘，久交念敦敬。
>
> ——（唐）鲍照

管仲和鲍叔牙都是生活在 2650 多年前春秋时期的齐国人，也都是当时齐国著名的政治家，他俩年轻时就成为了好朋友，后来他们一起经历了许多的风风雨雨。我小时侯比较喜欢读春秋战国这段历史，司马迁在《史记》中也重点记述了不少春秋战国时期的故事，现在许多的成语典故也出自那个时期。

### 管鲍分金

管仲 20 来岁时就结识了鲍叔牙，起初二人合伙做点买卖，因为管仲家境贫寒就出资少些，鲍叔牙出资多些。生意做的还不错，可是有人发现管仲用挣的钱先还了自已欠的一些债，哈哈！这钱还没入帐就给花了，现在会计上的名词叫：坐支，而且私自花钱恐怕离贪污公款罪也不远了。更可气的是到年底分红时，鲍叔牙分给他一半的红利，他也就接受了。

这可把鲍叔牙手下的人气坏了，有个人对鲍叔牙说，他出资少，平时他开销又大，年底还照样和您平分效益，显然他是个十分贪财的人，要我是管仲的话，我一定不会厚着脸皮接受这些钱的。鲍叔牙斥责他手下道：你们满脑子里装的都是钱，就没发现管仲的家里十分困难吗？他比我更需要钱，我和他合伙做生意就是想要帮帮他，我情愿这样做，此事你们以后不要再提了。

### 一起充军

后来这哥俩又一起充了军，二人更是相依为命。有一次齐国和邻国开战，双方军队展开了一场大撕杀，冲锋的时侯管仲总是躲在最后，跑得很慢，而退兵的时候，管仲却跟飞一样的奔跑。当兵的都耻笑他，说他贪生怕死，领兵的想杀一儆百拿管仲的头吓唬那些贪生怕死的士兵。

关键时刻又是鲍叔牙站了出来（此时鲍已当上了军官，不过我想也就是个连长一类的基层干部吧！）他替管仲辩护道：管仲的为人我是最了解不过了，他家有 80 多岁的老母亲无人照顾，他不能不忍辱含羞地活着以尽孝道。管仲听了鲍叔牙的这番话，感动的流下了热泪，他哭诉道：生我的是父母，而了解我管仲的，唯有鲍叔牙啊！

过了 2 年多，管仲的老母病逝，他心中没了牵挂，这才踏下心来为齐国效命，果然是比谁都作战英勇，很快就得到了提拨重用。

### 各为其主

后来齐襄公的弟弟公子纠发现管仲是个人才，便要他当了自已的谋士，也就是参谋长一类的官吧。而鲍叔牙呢，也偏偏被齐襄公的另一个弟弟公子小白看中，拜其为军师。两个好朋友各自辅助一个公子，干的很卖力气。

可是好景不长，昏庸的齐襄公总是疑心他两个同父异母的弟弟要篡夺他的王位。就让手下的人找机会干掉公子纠和公子小白。这两个公子听到了风声，公子纠带着管仲就跑到了鲁国的姥姥家去了，公子小白也跟着学，他带着鲍叔牙也跑到了莒国的姥姥家避难去了。

公元前 686 年的冬天，暴虐的齐襄公被手下的将士杀死，立他的一个弟弟公孙无知为齐国君王，你听听这名子——公孙无知，肯定是个笨蛋吧！就这么一个人当了君王没几个月，就也被手下大臣给杀掉了，齐国当时是一片混乱。

流亡在莒国的公子小白和寄居在鲁国的公子纠得到消息后，都觉得自己继成王位的机会来了，急忙打点行装，要回国争夺王位。

阵前对垒

管仲作为公子纠的军师及时提醒他的主子：公子小白所在的莒国离齐国很近，如果他先我们一步回到齐国，我们就没戏了，我看还是我先带一队人马去拦截公子小白，让鲁国派大将曹沫带另一队人马护送您回国。公子纠笑答：好主意！

当管仲带人马赶到莒国和齐国的交界处，正碰上鲍叔牙带领一队莒国人马护送公子小白飞弛而来。管仲上前拦住去路，他说："你不好好在姥姥家呆着，要干啥去呀？"公子小白说："我回国办丧事去啊！"管仲说："您的哥哥公子纠已经回到齐国操办此事了，我看您还是返回莒国好好呆着吧！"

鲍叔牙虽然和管仲平日有手足之情，但现在是各为其主啊！他瞪着眼睛喝斥管仲："我们公子回国有自己的事情，你管的着吗？再说你扯的瞎话也瞒不了我鲍叔牙吧？如果公子纠真的回到了齐国，那你干嘛带人来拦截我的主公呢？"管仲谎言被揭，脸色通红，一时无言以对。

鲍叔牙不敢耽搁，命令部队火速前进，管仲见状急得要命，要是拦不住公子小白，自己还有啥脸面再见公子纠啊，于是他心一横，搭弓取箭，朝着车上的公子小白用力射去，小白大叫一声，栽倒在车上，管仲见大功告成，便带着人马飞逃而去。

没想到管仲这一箭恰好射在公子小白的带钩上，一点没伤到人，但他知道管仲的箭法利害，要是再补上一箭他就没命了，于是他才大叫一声装死倒在车里。见管仲跑了，他才长长的出了一口气，鲍叔牙见公子小白平安无事，大喜！立刻命部队抄小路向齐都全力疾弛。

### 顽抗到底

管仲自以为射死了公子小白，就不慌不忙地护送公子纠向齐国进发，结果到齐、鲁边界的时侯，一个齐国的使者拦住了他们的车马，使者说：我奉齐国新君王公子小白之命，前来通知鲁国，请你们不必送公子纠回国了。

管仲一听，才知道自已没把事情办好，上了公子小白和鲍叔牙的当。于是一气之下把齐国使者给杀了，公子纠更是什么也不顾了，命令大将曹沫摔领仅有的500多鲁国士兵去跟齐国拼命。于是齐、鲁两国就开了战，鲁国本来就是个小国，兵马少，又是到人家齐国门口来打仗，哪有不败的道理呀！辛亏大将曹沫很勇敢，保护公子纠和管仲逃回了鲁国。

公子小白在鲍叔牙的帮助下登上了齐国君王的宝座后，称为齐桓公，后来成为春秋时期五位霸主之首，这是后话暂且不表。只说他上台后的第一件事就是要清除后患，把他的兄弟公子纠干掉！于是他命令鲍叔牙领兵30万去攻打鲁国，那时齐国很强大，小小的鲁国为了公子纠这么个破外甥被迫应战，结果连连败北，鲁国君王见顶不住了，就派人和齐国讲和，鲍叔牙提出了两个条件：一是要鲁国把公子纠杀了，二是把管仲交给齐国，不然的话绝不退兵。鲁庄公没别的法子，只好照办。把公子纠的人头和管仲一起交给了齐国。

### 举贤重德

鲍叔牙帮公子小白登上王位又帮他杀了公子纠，齐桓公感念他的忠心和所立的大功，要任命他做国相，没想到鲍叔牙死活不肯接受，他说："以前我帮君王做了些事情，那全是凭我对您的忠心而竭尽全力的，现在您要把国相这么重要的职务交给我，这绝不仅仅凭我的忠心就可以做好的，您该找个比我更有才能的人才行啊！"齐桓公说："在我手下的大臣中，还没

发现比你更出众的人才呢！"鲍叔牙说："我举荐一个人保证能帮您成就一番霸业！"齐桓公急忙问他："这个人是谁呢？"鲍叔牙笑着说："此人就是我的老友——管仲，我把他从鲁国要回来，就是要他帮您的！"

齐桓公一听就火了，他拍案而起！说："这小子拿箭射过我，这一箭之仇我还没报呢，你反而让我来重用他？我不把他杀了就不错了！"

鲍叔牙恳切地说："管仲不顾一切地为公子纠卖命，用箭来射杀您，这不正好说明他对他的主子是一个非常讲忠义的人吗？各为其主是起码的做人准则，他当时那样做没什么不对的，现在要治国了，若论才华，他远远超过我鲍叔牙啊！您要成就霸业，非得到管仲的辅佐不成。您现在不计前嫌地重用他，他唯一的出路就是死心踏地的为您卖命啊！"

齐桓公是个很有肚量的人，为了齐国的利益，他还是听了鲍叔牙的劝说，断然弃忘前嫌，拜了管仲为国相。

成就霸业

管仲很感激好友鲍叔牙，更对齐桓公的大度和睿智所折服，决心鞠躬尽瘁、竭尽全力报效齐桓公，他积极改革内政，发展经济，重新给农民划分土地，由于他从小经商，也很重视和其它国家通商和发展手工业。他还对国家常设的军队实行严格的训练和管理，使之成为战斗力很强的一支军队。由于管仲的改革，齐国在几年内就兴盛起来，获得了"九合诸候，一匡天下"的地位，成就了齐桓公的霸业。

有趣的是，有一次齐桓公和管仲探讨下任国相的问题，齐桓公问："假如你要是死了，谁接任你的国相为好呢？"管仲说出了一个人名，齐桓公又问："那么第二人选呢？"管仲就又说了一个人的名字，齐桓公又问："那么第三人选呢？"管仲就又说出了一个人名。齐桓公很不高兴的再次问："那么第四人选呢？"管仲说："那就是鲍叔牙了！"齐桓公说："我真的很奇怪，鲍叔牙对你那么好，听说以前你们一起做生意，他也老让着你，你上了公子纠的贼船，还射过我一箭，要不是鲍叔牙说情，我早就把你杀了，后来鲍叔牙又在我面前积极推荐你为国相，怎么现在请你推荐下任国相的人选时，你竟然把鲍叔牙放在第四人选的位置上呢？你对得起人家鲍叔牙吗？"

管仲说："我们现在是在谈论谁做下任国相最合适的问题,您并没有问谁是我最感激、最要好的朋友呀!我们的私交很好,但国家利益高于一切嘛!"

## 季札挂剑

益者三友,损者三友。友直,友谅,友多闻,益矣。友便辟,友善柔,友便佞,损矣。

——《论语·季氏》

春秋时期,吴国的公子季札(生卒年不详)多才多艺,文学、音乐、剑技,他都有较高的造诣。因此,他常常作为吴国的专使去别国进行友好活动。

一次,他到了徐国。徐君久慕季札的为人,亲自接待了他。季札发现徐君也懂文学、音乐、剑技,两人志趣相投,一见如故,成了好朋友。徐君看见季札的宝剑锋利,赞不绝口。饮酒中间,频频向季札腰间的宝剑投来羡慕的目光。但碍于礼节,没开口要。季札当然明白徐君的心思,但他还得到别国去,一时也离不开宝剑,便想:"以后我再送给他吧。"

季札离开徐国后,他先后又跑了几个国家,完成了出使任务。当他路过徐国时,徐君已在不久前去世了。季札赶到徐君的坟墓上,痛哭呼喊:"徐君,徐君,季札看你来了。"哭完,他解下佩剑挂在墓边的大树上,说:"你喜欢的这把剑,我已送来了。"

随从不解地问:"徐君已死了呀,这剑……"

"就挂在这儿吧。"季札沉痛地说:"当初徐君爱这把剑,我因没完成使命,所以当时没赠送,但我心里早应允了,不能因为朋友已死,就背离原来已经许诺了的事情。"说完,他便跳上马,心情沉重地离开了朋友的墓地。

# 乐毅报燕王知遇之恩

> 宁和直人动刀，不和刁人相交
>
> ——中国谚语

乐毅，生卒年不详，中山灵寿（今河北灵寿西北）人。战国后期杰出的军事家，辅佐燕昭王振兴燕国，报了强齐伐燕之仇。

乐毅先祖乐羊为魏文侯（魏斯，魏国开国君主）手下的将领。曾率兵攻取中山，因功被封在灵寿，乐羊死后，葬于灵寿，从此乐氏子孙便世代定居在这里。中山复国后，又被赵武灵王所灭，乐毅也就成了赵国人。

乐毅少年聪颖，喜好兵法，深得赵人推崇。赵武灵王时，因避沙丘之乱来到魏国都城大梁（今河南开封西北）当了大夫。

此时，燕昭王因为子之之乱而被齐国打得大败，燕昭王时刻不忘为燕国雪耻。但燕国弱小又地处僻远，昭王自忖力量不足以克敌致胜，于是便屈己礼贤，延聘贤能之士相佐。首先礼待郭隗，借此招揽天下英才。乐毅适于此时替魏出使到燕国，燕昭王用客礼厚待乐毅。乐毅谦辞退让，最后终于被昭王诚意所动，答应委身为臣，燕昭王封乐毅为亚卿（仅次于上卿的高官）。

当时齐国非常强大，齐湣王率齐军南败楚相唐昧于重丘，西摧三晋的势力于观津，接着与三晋攻秦，助赵国灭中山，打败宋国。扩地千余里，诸侯各国在强大的齐国面前都表示臣服，齐湣王因此而骄矜自满。由于齐湣王的骄横自恣，加上对内欺民而失其信，对外结怨于诸侯，造成齐国政治局势不稳，形势恶化。

燕昭王认为时机成熟，欲兴兵伐齐，遂问计于乐毅。乐毅回答说："齐国系霸主之余业，地广人多，根基较深，且熟习兵法，善于攻战。对于这样一个大国，虽有内患，仅由我们一国单独去攻打它，恐怕很难取胜。如果大王一定要去攻伐齐国，必须联合楚、魏、赵、韩诸国，使齐国陷于孤立的被动地位，方可制胜。"这就是所谓"举天下而攻之"的伐齐方略。

燕昭王接受了乐毅的建议，便派乐毅去赵同惠王盟约攻齐，并请赵国以伐齐之利诱说秦国，予以援助。又派剧辛为使又分别到楚国和魏国进行联络。当时各国都因厌恶齐湣王骄暴，听说联兵伐齐，均表赞同。

乐毅返燕后，燕昭王在公元前284年派乐毅为上将军，同时赵惠王也把相印交予乐毅，乐毅率全国之兵会同赵、楚、韩、魏、燕五国之军兴师伐齐。齐湣王闻报，亲率齐军主力迎于济水（在今山东省济南西北）之西。两军相遇，乐毅亲临前敌，率五国联军向齐军发起猛攻。齐湣王大败，率残军逃回齐国都城临淄。乐毅遣还远道参战的各诸侯军队，拟亲率燕军直捣临淄，一举灭齐。谋士剧辛认为燕军不能独立灭齐，反对长驱直入。乐毅则认为齐军精锐已失，国内纷乱，燕弱齐强形势已经逆转，坚持率燕军乘胜追击。

乐毅率燕军乘胜追击齐军至齐都临淄。齐湣王见都城临淄孤城难守，遂率少数臣僚逃往莒城（今山东省莒县）固守。乐毅用连续进攻，分路出击的战法，陷城夺地，攻人齐都临淄后，尽收齐国珍宝、财物、祭器运往燕国。燕昭王大为欣喜，亲自到济水前来犒赏、宴飨士兵，为酬谢乐毅的功劳，将昌国（在今山东省淄川县东南）城封给乐毅，号昌国君。

乐毅率燕军半年内连下齐国70余城，仅剩聊城、莒城、即墨（今山东省平度县东南）3城仍顽强抵抗，久攻不下。其余全部并人燕的版图，燕前所未有的强盛起来。乐毅认为单靠武力，破其城而不能服其心，民心不服，就是全部占领了齐国，也无法巩固。所以他对莒城、即墨采取了围而不攻的方针，对已攻占的地区实行减赋税，废苛政，尊重当地风俗习惯，保护齐国的固有文化，优待地方名流等收服人心的政策，欲从根本上瓦解齐国。

乐毅攻燕齐5年，攻齐70余城，皆为燕地，唯独莒、即墨未攻下。前

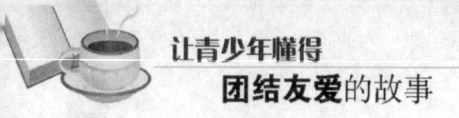
278 年，燕昭王死，太子乐资即位，称燕惠王。燕惠王作太子时，就与乐毅有隙，所以当他即位以后，对乐毅用而不信。齐国大将田单探知此种情况，乘机进行反间，派人到燕国散布说："除莒城和即墨两处之外，齐国大片土地全在燕国军队手里。乐毅能在短时攻下齐国 70 余城，难道用几年工夫还打不下莒城与即墨吗？其实他是想用恩德收服齐人之心，为他叛燕自立做准备。"燕惠王本来就猜疑乐毅，听了这些话信以为真，于是下令派骑劫为大将去齐接替乐毅。乐毅深知燕惠王收回他的兵权，意味着听信谣言，欲加罪于自己。他认为"善作者不必善成，善始者不必善终"，决定拒绝回燕而西向去赵。赵惠王见乐毅归赵，隆重地接待了他，并封他为望观津（在今河南省商丘东），号望诸君。赵王这样尊宠乐毅，是藉以警惕燕、齐，使他们不敢轻举妄动。

骑劫寡思少谋而又骄狂自大。乐毅奔赵后，他来到齐国，一反乐毅原来的战略部署和争取齐人的正确政策，而施之以残暴，激起了齐国军民的强烈反抗。田单设谋诳骗燕军，在即墨城用火牛阵大破燕军，杀死骑劫，转而追歼燕军到黄河边上，收复齐国所失之城邑，将燕军逐出齐境，从莒迎齐襄王（湣王死，襄王立于莒）归临淄。

惠王后悔派骑劫代替乐毅，以致军队被打败，将军被杀死，曾经占领的齐国土地又丢失了，但又怨恨乐毅奔赵、恐怕赵用乐毅乘燕吃了败仗的时候进攻燕国。于是惠王派人责难乐毅，而且向他道歉说："先王曾以举国之兵托付将军，将军为燕大败齐军，报先王之仇，天下人为之震动，我也时刻记看你的功绩。可是刚逢先王去世，我又初立，听信于左右而误国。我之所以派骑劫代替将军，为的是将军经年累月的暴露于荒郊野外，怕你太辛苦，所以请你回来调息，并想同你共议国事。将军却误听传言，和我产生怨隙，弃燕降赵。将军为自己打算，这样做是合宜的，可你如何报先王的知遇之恩呢？"于是乐毅慷慨地写下了著名的《报燕惠王书》，书中针对惠王的无理指责和虚伪粉饰，表明自己对先王的一片忠心，与先王之间的相知相得，驳斥惠王对自己的种种责难、误解，抒发功败垂成的愤慨，并以伍子胥"善作者不必善成，善始者不必善终"的历史教训申明自己不为昏主效愚忠，不学冤鬼屈死，故而出走的抗争精神。这才打消了燕惠王对乐毅的某些偏见，便封乐毅之子乐间为昌国君。

## 左伯桃舍身酬知己

知己肝胆相照

——（宋）文天祥

春秋时代，有一年冬天，寒风呼啸，大雪纷飞。在走兽绝迹，飞鸟潜踪，人烟稀少的千里荒原上，有两个互相搀扶的年轻人，正跌跌撞撞地、艰难地走着。这两个人是一对挚友：羊伯哀和左伯桃。

当时，各国诸侯为了争夺土地，扩大势力范围，连年发动战争，使人民生活在水深火热之中。这两个朋友对人民深为同情，决心施展自己的才干，拯救国家和人民。他们听说楚庄王是个贤明的国君，就相约前去投奔。谁知却困在这个风雪茫茫、渺无人迹的千里荒原上。

风狂雪猛，寒冷、饥饿、长途跋涉，使身体本来就瘦弱的左伯桃病倒了。在这危难时刻，羊角哀对左伯桃说："我扶你走吧，你放心，我绝不会丢下你不管的。"羊角哀搀扶起左伯桃艰难地走着……

2天过去，羊角哀精疲力竭了。他好不容易才把左伯桃扶到一棵大空心树旁，暂避风雪。"角哀，荒原千里，风雪无边，如果我们俩个都冻饿而死，不如救活一个。我看，你一个人快走吧，我是实在不行了，别再连累你。"左伯桃喘着气说，他连站立起来的力气也没有了。羊角哀一听，急了："你怎么说这种话！伯桃，你放心，我背也要把你背到楚国去！"说着，羊角哀俯下身子就要背左伯桃。但他也没有力气再把左伯桃背起来了。这时，左伯桃把手搭在羊角哀的双肩上，说："你的心意我领了，角

哀，救国、救民是我们两个人共同的理想，不论这个理想是咱们两个人共同实现的，还是一个人去实现的，都算达到目的了，你说是不是呢？"羊角哀点点头，说："当然，当然！要不，你就带上咱们剩下的这点干粮投奔楚国去吧。"左伯桃连连摇头，用微弱的声音说："角哀，我现在的身体状况，肯定到不了楚国就会死在半路上，你的身体比我好，本领比我强，有希望走出这片荒原，应该你去楚国！我们救国、救民理想的实现就拜托你了！"

两个人真诚相让。最后，左伯桃还是说服了羊角哀。

羊角哀抱着左伯桃放声痛哭。左伯桃催他赶快上路。羊角哀要把所有的干粮留给左伯桃，左伯桃决意不要……羊角哀只好怀着极为沉痛的心情诀别了他的朋友，独自上路了。

羊角哀赶到楚国后，受到楚庄王的重用。他连忙带人回到荒原，发现左伯桃已冻死在空心树里，他埋葬了好友的尸体，痛哭而别。

楚庄王知道这一切后，深为左伯桃的精神所感动，下令奖恤了左伯桃的妻儿。

后来，羊角哀在楚国干出了一番事业。他一直在深深地怀念他的挚友。每当忌日，他都面对千里荒原，朝远方深深下拜，默默祷告："伯桃，我一定要实现咱们共同的理想！"

## 荆轲与高渐离士为知己者死

> 士为知己者死
>
> ——中国谚语

荆轲在游历各国时就结交了不少豪杰。荆轲在燕国与高渐离一见如故。

二人都好饮酒，天天在燕市上饮酒，喝到似醉非醉的时候，高渐离击筑，荆轲唱，时而大笑，时而大哭，旁若无人。后来又认识了田光。田光感觉荆轲不是庸人。当太子丹密谋刺秦的时候，田光举荐了荆轲。

田光去请荆轲前，太子丹说："国家大事，请勿外泄。"田光请了荆轲后便自杀明志。

荆轲说："给我燕国的地图和樊於期的人头，我可以刺秦。"

荆轲向逃到燕国的秦将樊於期索要他的项上人头。樊手起刀下，人头落地。荆轲又向太子丹索取了燕国的地图。

荆轲佩上了赵国徐夫人的匕首，那是天下最锋利的匕首。匕首上淬毒，用活人实验，见血封喉。

"风萧萧兮易水寒，壮士一去兮不复返"一些燕国的名士们一袭白衣，怒发冲冠，悲怆着，高歌着，为荆轲送别。送荆轲的行列中，也有高渐离。高渐离击筑，荆轲合着节拍唱着易水寒之歌。

荆轲觐见秦王。当图穷匕见时，他扯住了秦王的袖子，却没有击中秦王。他追着秦王绕着大殿上的柱子跑，别人都惊惶失措了并没有人来救驾。但荆轲仍然没有击中秦王，连个血痕也没有划出。反而被秦王醒悟后抽出剑来将他刺死。

事后，与荆轲有关系的人大多都跑了。但高渐离没有。

高渐离独身入宫，以一技之长搏得秦王同意他可以在宫内击筑。秦王知道高渐离是荆轲的同党后，便薰瞎了高渐离的双眼。但秦王并没有杀他。

他凭耳聆听，感觉到秦王的位置，用尽力气，把筑掷向秦王。高渐离没有任何要求，只是以一己之力，凭了自己手中最为便捷的工具去刺秦王。他们这种"重情重义，士为知己者死"的精神被后人景仰。

# 范式千里赴约叙友情

> 与朋友交，言而有信。
>
> —— （春秋）子夏

东汉时的一个秋天，落叶萧萧，篱菊怒放。汝南郡的张劭（生卒年不详）突然听见长空一声雁叫，牵动了情思，自言自语地说："他快来了。"原来，他在京城洛阳的太学里读书时同山阳郡金山县的范式（生卒年不详）结下了深厚的友谊。分别的时候，张劭站在路口，望着长空的大雁，说："今日一别，不知何年才能见面……"说着，流下泪来。

范式拉着张劭的手，劝解道："兄弟，不要悲伤。2年后的秋天，我一定去你家拜望老人，同你聚会。"

张劭想念好友，回到屋里，对他母亲说："妈妈，刚才我听见长空雁叫，范式快来了，我们准备准备吧！"

"傻孩子，山阳离这里一千多里，范式怎会来呢?"他妈妈不相信，摇头叹息："一千多里啊！"

张劭说："范式为人正直、诚恳，极守信用，不会不来。"

老妈妈只好说："好好，他会来，我去做点酒。"

其实，老人并不相信，只是怕儿子伤心，宽慰宽慰儿子而已。约定的日期到了。范式果然风尘仆仆地赶来了。旧友重逢，亲热异常。老妈妈激动得站在一旁直抹眼泪，感叹地说："天下真有这么讲信用的朋友！"

# 孔融孔褒兄弟争死

孔融，字文举，是东汉末年的学者，有名的"建安七子"之一。孔融很小的时候，就懂得友爱和谦让。他4岁时，有一次家里人在一起吃梨。母亲将洗好的梨放在盘子里，让年纪最小的孔融先拿。孔融看到盘子里的梨有大有小，他就从中挑了一个最小的梨。母亲问他为什么要这样做，他回答说："我年龄最小，应该吃小的梨。"

东汉末年，宦官把持着朝政，政治十分腐败。孔融15岁的时候，有个叫张俭的官员，揭发了当权的宦官侯览和他的家人所犯的罪恶，却反遭陷害，官府要抓捕他治罪。

张俭是孔融的哥哥孔褒的好友，急迫之中，他逃到了孔家，请求掩护。不巧孔褒外出不在家。孔融就出来接待了他。张俭见孔融还是个孩子，就没有说明来意。孔融看出了张俭神情紧张、欲言又止的样子一定是有什么为难的事，就对张俭说："我哥哥虽然不在家，但你是他的好友，难道我就不能做主收留你吗？"听了孔融的话，张俭心里踏实了下来，他在孔融家里躲藏了好几天，找了个机会，终于安全地逃走了。

不料有人知道了这件事情，就去向官府告发了。官府抓不到张俭十分生气，就把孔融和他的哥哥孔褒抓了起来。

审官对孔融和孔褒说："你们兄弟到底是谁放走了张俭？你们知道不知

道，张俭是朝廷的要犯，放走了他就是犯了杀头之罪！"听了审官的话，孔融知道哥哥和张俭是好朋友，朝廷是不会轻易放过他的。只有自己主动承担罪责，才会保全哥哥的性命。于是，他对审官说："留藏张俭的是我，你要治罪的话，就请治我的罪吧！"

听了弟弟把罪责承担在自己身上，孔褒忙说："张俭是来投奔我的，这事不关我弟弟的事！要杀就杀我吧！"

孔融、孔褒兄弟在堂上争了起来，都说是自己放走了张俭。审官见兄弟俩争罪，怎么也拿不定主意了。最后，只好如实上报。后来，皇帝定了孔褒的罪，下令杀死了他。

孔融虽然没能救了哥哥，但是他友爱兄长，凛然争死的事迹却流传了下来。

# 荀巨伯为友舍生忘死

> 杀戮将死的人，为不仁；见人有难而逃离，为不义。
>
> —— （汉）荀巨伯

荀巨伯，汉桓帝时，颍川（今河南登封、宝丰以东一带）人。这年冬天，荀巨伯冒着严寒，从远道来探视病危的朋友。不巧，赶上胡兵进犯郡城。

荀巨伯远远望见城门大开，乱糟糟的人群，从城里涌出来。一时间，哭天嚎地，甚是凄惨。荀巨伯愣愣地站在那里，一位匆匆走过来的老人说："兄弟，还不快逃命呢，胡人就要进城了！"荀巨伯谢过老人，穿过人群，拼命往城里挤。当他赶到友人家里，见友人躺在床上，紧闭着双眼。好一会，友人才睁开眼睛，见是荀巨伯，颤动着嘴唇说："可把你……盼来了，这不是……梦吧！"说着，二人同时落下泪来。荀巨伯劝慰了一会儿，友人忽然神色不安地说："你来得太……不是时候了，胡兵就……要进城了，能看上你一眼就……够了，你快走吧！"说完，闭上眼睛，不再言语了。荀巨伯想：我来得太是时候了……

突然，城外传来了喊杀声，由远而近。友人惊恐地睁开眼睛，颤声说："快，藏起来……"话音未落，几把雪亮的大刀，同时对准了荀巨伯。好友吓得昏了过去。"什么人？还胆敢留在这里！"胡兵怒吼着。荀巨伯镇静地说："远道而来的中原人，来探望病危的朋友！""人都跑光了，难道你就不怕死吗？"荀巨伯从容地答道："中原自古讲仁义。杀戮将死的人，为不仁；见人有难而逃离，为不义。料胡人亦是如此。今我愿舍生取义，望你们成全！请杀了我而留下他吧！"说完，闭上眼睛，等死。"唰"的一声，几把大刀同时插入了刀鞘，胡兵走出屋去。荀巨伯睁开了眼睛，扑向病友……胡兵头领得知了这件事，感慨地说："看来，我们这些不仁不义的军队，是进犯了一个有道德的国度啊！"于是，下令退兵。

荀巨伯义退胡兵，不仅救了友人，也救了全城百姓，人们交口称赞。

# 白敏中宁肯不当状元

> 以权利合者，权力尽而交疏。
>
> ——《史记》

白敏中（776～826）与贺拔基（生卒年不详）是好朋友，两人同到长安参加科举考试，经常携手去街上游玩。

那一年的主考官是王起。王起知道白敏中出身贵族，文才也好，私下想取他为状元，但王起嫌贺拔基贫寒，心里不喜欢，叹息地说："白敏中怎么老同贺拔基来往呢？多可惜呀！"他于是叫人悄悄地对白敏中说："只要你不再同贺拔基来往，王主考就取你当状元。"

白敏中皱起眉，没有答话，恰巧，这时贺拔基来了，看门的人就骗他，说："白敏中不在家，到朋友家去了，晚上也不回来。"贺拔基站了一会儿，踅身就走了。

一会儿，白敏中听说这件事，急得从屋里跑出来，连连喊道"快把拔基请回来，快点！"贺拔基来后，白敏中把情况如实说了一遍，并说："状元有什么稀奇的，怎么也不能不要朋友呀！"说完，他命人摆起酒宴，两个人真是酒逢知己千杯少，开杯畅饮，聊个痛快。

王起派来的人把这些看在眼里，大为生气，便一五一十向王起回禀了，最后还说："他就舍不得贺拔基，咱们偏不让他当状元。"

白敏中宁肯不当状元也要朋友的品德，倒使王起感动了，他说："我原来只想取白敏中，现在我却也要同时取贺拔基了。"

这一年，两位朋友都中了举，后来，白敏中在唐宣宗时还当了宰相。


# 杜甫与李白情深义厚

> 相见情已深，未语可知心。
>
> ——（唐）李白

唐代杜甫是我国历史上伟大的诗人。他长期住在洛阳，他对这儿的豪官富商勾心斗角的风气十分反感。可是，杜甫却在这儿遇到一位他的终身好友、伟大诗人李白。

公元744年初夏，杜甫在洛阳结识了大诗人李白。那时李白44岁，杜甫只有32岁。李白在京师受到高力士、杨玉环等人谗毁，很不得志。

两人初见面，杜甫被李白的风采吸引住了。李白对杜甫的青年有为也很欣赏。当时，他们俩都对现实不满，因此一见如故。两人的志趣相同，时常在一起吟诗作赋，自得其乐。

那时候，社会上有一种求仙访道的风气。杜甫与李白相约结伴而行去寻找瑶草。两人渡过波涛汹涌的黄河，尽管路途艰险，但他们互助互爱，常常吟诗作句，以苦为乐。他们走到山上的小有清虚洞天，去参拜道士华盖君。可是华盖君已经死去。他们凄凉地望着寥廓的四野，尽管彼此心中有不尽怅然与失望，但他们都互相劝慰对方，最后不得不按原路回去。

这年秋天，他们和另一诗人高适遇在一起了。这三个朋友经常在城里的酒楼饮酒赋诗，各叙心中的愤懑，也谈论着当时的国事，讽刺唐玄宗的醉心声色。渐渐地，杜甫和李白更加了解对方，他们之间的关系更加密切了。

不久，这三位朋友都先后离开长安，各奔前程。

第二年秋天，杜甫和李白又在衮州相遇。他们白天携手同行，寄情于山水之乐。晚上，常常一边饮酒，一边仔细讨论文学上的问题，有时喝得大醉，同床酣睡。他们两人共同度过一段美好的日子，彼此都从对方身上学到了许多宝贵的东西，学业上也有了很大的进步。不久后，他们又分别了，怀着恋恋不舍的心情踏上人生的新路。杜甫在别后常常想起李白，回忆起往昔与李白在一起的快乐日子，便感慨地写了一首五律："白也诗无敌，飘然思不群。清新庾开府，俊逸鲍参军。谓北春天树，江东日暮云。"

杜甫住在渭水之滨的长安，把自己比作春天的古树；把漫游江东的李白比作日暮的浮云，诗句充分表达了对远方朋友的思念。

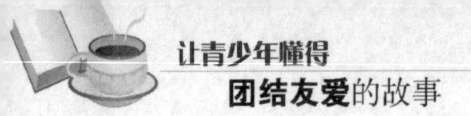

# 李白和晁衡的真诚友谊

> 择友如淘金，沙尽不得宝。
>
> ——李成用

晁衡原名阿倍仲麻吕，公元 698 年出生于日本奈良。自小酷爱汉文学。公元 717 年（唐开元五年），正是晁衡 19 岁的那一年，他被朝廷选为留唐学生，随遣唐大使来唐都长安学习。

到达长安不久，晁衡被安置在唐代最高学府国子监太学里学习。太学里集聚着许多富有才华的中外学生，在学习气氛甚浓的环境里，晁衡专心攻读周秦以来的封建经典，并以优异的成绩，博得了唐朝廷许多学者的青睐。公元 753 年任秘书省的秘书监（相当于当今国立图书馆馆长一职）。

晁衡在唐期间，正是我国诗人辈出，诗歌创作极为繁荣的时期。李白和晁衡年龄相仿，学识相当。李白十分钦佩晁衡谦虚好学和良好的汉诗修养，二人一见如故，友谊极深。

晁衡在唐生活十八年后的公元 753 年 11 月 15 日，偕同藤原清河（日本天皇遣唐第十次使团团长）等人离长安，经扬州、张帆东归。21 日船行至冲绳岛北部，天气骤变，航船遇难，170 多人遭难，幸存者仅晁衡、藤原清河等十几人。消息传至唐朝，大家误以为晁衡也已遇难身死。李白听后，不竟失声痛哭，写《哭晁卿行》，以志悼念：日本晁卿辞帝都，征帆一片远逢壶。明月不归沉碧海，白云愁色满苍梧。

晁衡等人历尽艰辛，最后又重返长安。以为他已死去的李白及朋友们见他活着回来，欢喜若狂。

晁衡自日本来唐至埋骨盛唐，在中国度过了 54 个春秋，李白与晁衡的友谊至今传为佳话。1977 年 5 月，东京上演了著名剧作家田义贤编写的，歌颂李白与晁衡，中日友谊的话剧《望乡诗》，受到人民的喜爱。

## 郭子仪李光弼齐心杀敌

> 私仇不及公。
>
> —— （春秋）左丘明

郭子仪，陕西华县人。李光弼，辽宁朝阳人。他们两个人都是唐朝的大将。

唐朝的时候，为了加强边境的防御，在重要的边境地区设立了 10 个军镇，军镇的长官叫节度使。郭子仪和李光弼曾在朔方节度使安思顺的手下当军官。郭子仪和李光弼都是英勇善战的战将，可是两个人相互之间不服气。路上相遇，两人总是互相回避，有时候，就是同在一张桌子上吃饭，他俩也只拿眼睛瞟瞟对方，从来不说一句话。俩人把私怨深深地埋在了心里。

公元 755 年，唐朝的范阳兼河东节度使安禄山发动了叛乱，企图推翻唐朝。由于唐朝统治腐败，军队的战斗力很差，叛军几乎没遇到什么有力的抵抗，就占领了大片地区。在安禄山的放纵下，叛军每到一处，奸淫掳掠，残害百姓，给人民带来了深重的灾难。

为了平息叛乱，唐玄宗提拔郭子仪当了朔方节度使，让他统兵御敌。这样一来，郭子仪就成了李光弼的顶头上司。李光弼心想："以前我不服郭子仪，俩人心里结了怨。如今他成了主将，自己成了他的部将，要是他寻

机报复，我恐怕要死无葬身之地了。"于是李光弼想投靠到别人手下去。

正在这时候，朝廷传来圣旨，要郭子仪从手下挑选一位能征善战的大将，领兵去平定河北的叛军。郭子仪深知李光弼是一员智勇双全的战将，便不计前嫌，向朝廷推荐了李光弼。

不久，朝廷的任命下达了。李光弼以为这是郭子仪的借刀杀人之计，心里很不安。可是，朝廷的命令又不能违抗，自己也有平叛立功的心愿，就接受了任命。

临行前，李光弼担心自己的家人受到郭子仪的迫害，便硬着头皮对郭子仪说："我死固然甘心，只是过去我不好，得罪了您，希望您不要报复我的妻子儿女……"

没等李光弼说完，郭子仪忙离开了座位，跑过去，把李光弼紧紧地抱住，流着热泪说："李将军！现在叛贼猖獗，国家危急，百姓生灵涂炭，正需要我们齐心协力讨平叛贼。平定河北，非将军这样的将才不行。在这紧要的关头，我们还能像过去那样鼠肚鸡肠，计较个人的恩怨吗？"

说完，郭子仪把李光弼扶到座位上坐下，边为他倒茶，边向他说过去都怪自己气度太小，请李光弼原谅。并一再表示说，要和李光弼在平叛的战斗中互相帮助，互相支援……

听了郭子仪这一番推心置腹的话语，李光弼很受感动。他想：郭子仪身为主将，心怀坦荡，不计个人私怨，向朝廷推荐我，委以重任。我一定也要心胸宽广一些，和他搞好团结，齐心杀敌。

当下，李光弼和郭子仪手拉着手走出大帐，相互对拜了几拜。随后，李光弼带领着郭子仪分给他的一万多兵马出发了。

李光弼到了河北以后，果然不负众望，接连打了许多胜仗。很快就扭转了不利的战局。不久，郭子仪也率军来到了河北，他和李光弼团结一致，相互配合，齐心协力打败了叛军，收复了黄河以北十七郡的地方。

# 张巡许远团结守睢阳

> 男儿何不带吴钩，收取关山五十州。
>
> ——（唐）贺知章

　　张巡，河南南阳人。许远，浙江海宁人。他俩一个是唐朝真源县县令，一个是睢阳太守。在安史之乱中，张巡和许远团结一心，共守睢阳城，对阻止叛军南侵江淮地区起到了很大作用。后因外援断绝，兵粮俱尽而牺牲。他是我国历史上著名的爱国英雄。

　　公元755年，唐朝平卢、范阳、河东三镇节度使安禄山和他的部将史思明，趁唐朝统治腐败，军队战斗力大减的时机，反叛了唐朝。在安禄山的放纵下，叛军每攻占一处地方，都奸淫掳掠，残害百姓，给人民带来深重的灾难。

　　当叛军打到河南东部和安徽北部的时候，张巡的上司，谯郡太守杨万石投降了叛军，并命令张巡迎接叛军进城。张巡接到了命令不但不投降，反而率领当地的百姓和士兵举起了讨伐叛军的义旗，收复了被叛军占领的雍丘城。

　　在雍丘城，张巡和叛军斗智斗勇，杀退了敌人无数进攻，使叛军损兵折将，不敢再和张巡交锋，只得下令解围退走。

　　公元757年2月，安禄山的儿子安庆绪为了夺取唐朝重要的物资供给地江淮地区，派大将尹子奇统率十几万人马进攻江淮地区的屏障睢阳城。睢阳太守许远知道自己兵力单薄，难以守住，便向张巡告急，请他来帮助守卫睢阳。

张巡见了许远的告急信，想到睢阳的地理位置的确十分重要，便毫不犹豫带领手下将士去支援睢阳。

按照官职来说，许远是太守，职位比张巡高，应该他当守城的主将，可许远看到张巡足智多谋、英勇善战，便对张巡说："我不太懂得用兵的事，你智勇兼备，很会打仗，今后就请你统领全军指挥作战。我负责筹集军粮、修造兵器，保障作战的需要。你就大胆地指挥吧！"

张巡见许远这样信任自己，便接过了指挥全城军民抗敌的重担。在和叛军的战斗中，许远毫不因为自己的官职比张巡高而看不起张巡，而是竭尽全力协助他守城。张巡对许远十分尊重，凡是重大的决策，都要和许远商议。他们两人紧密合作，战胜了重重困难，多次打败了敌人，使叛军久攻睢阳城不下。

在守城的战斗中，张巡、许远督励将士，昼夜苦战，打退了十几万叛军的轮番进攻，活捉了敌将60多人，杀死了敌兵2万多人，狠狠地灭了叛军的威风，大长了唐军的士气。尹子奇见自己损兵折将，还是攻不下睢阳，只好在一天夜里悄悄地撤走了。

过了几个月，叛军仍不死心，又调集了兵马，重新包围了睢阳城。张巡和许远毫不畏惧，指挥唐军将士兵和叛军厮杀，又一连取得了许多胜利，就连叛军统帅尹子奇的左眼，也被张巡的部将南齐云给射瞎了。尹子奇发誓要报这一箭之仇，又增加了几万人马，把睢阳紧紧地包围起来。

时间一长，城里的粮食不多了，张巡和许远就决定每人每天发一两多米，掺上树皮草根煮了吃，仍然坚持守城。过了一段时间，城里的存粮也吃完了。张巡和许远就下令杀战马来充饥，战马杀光了，又下令捕捉城中的麻雀和老鼠充饥……直到再也想不出任何办法来了。这时候，全城的将士和百姓战死、饿死得只剩下400多人了，可是没有一个人想叛变或逃走。

公元757年10月，睢阳城终于陷落了。张巡和许远被叛军捉住，残酷地杀害了。他们两人团结守睢阳，坚守了9个月，歼灭了叛军共12万人。为平定安史之乱，维护国家的统一立下了卓越的功勋。

# 韦皋与郑回二人同心

二人同心，其力断金。

——《易·系辞上》

在唐代复杂的民族纠纷中，有两个善于化干戈为玉帛，促成民族团结的出色人物。一个是唐朝剑南西川节度使韦皋，一个是南诏清平官郑回。二人对恢复唐同南诏的友好关系，稳定西南地区的局势，推动这个地区的和平和发展，起过不可磨灭的作用。

唐同南诏交恶，从唐玄宗天宝七年（748）起，历时46年之久，双方都尝过因交恶而造成的苦果。直到唐德宗贞元十年（794），在韦皋、郑回的努力下，才尽弃前嫌，修复旧好。

南诏，是唐代云南地区蛮族建立起来的地方政权，其王姓蒙，蛮族称君长为"诏"。云南原有六诏，即蒙舍诏、浪穹诏、邓赕诏、施浪诏、摩些诏、蒙隽诏在云南的南方，故又称南诏。六诏各有君长，互不统属，各自拥有部落。南诏最强，兼并了其余五诏，建立起地方政权。南诏原属剑南西川节度使属下的云南太守（驻地姚州）管辖。

在开元以前，南诏的历代君长都同唐朝友好，并受唐朝册封。皮逻阁继位后，得唐助力，消灭云南其他地方势力，逐步控制了这个地区。以此，唐玄宗封他为云南王。但从此以后，皮逻阁骄傲自大起来，由于双方的利益问题，南诏同唐产生了不可调和的矛盾。到天宝年间，皮逻阁死，其子阁逻风继位，南诏同唐的矛盾进一步激化。阁逻风叛唐归附吐蕃，自立国号为"大蒙"。天宝十二年，杨国忠执政。唐已大乱在即，却向全国征兵，

派侍御史李宓统大军征讨南诏，前后两战皆败，死亡近 20 万人，天下骚乱。而南诏许多地方也遭到唐兵的极度破坏，双方损失严重。不久，"安史之乱"爆发，唐无暇顾及西南，南诏便乘机攻陷嶲州。其后，又多次同吐蕃攻破唐州、县，夺去大片土地。

到唐代宗大历十四年（749），时阁逻凤已死，孙异牟寻继位。吐蕃又约南诏合兵 10 万，进攻唐剑南地区，被唐大将李晟打败。唐军乘胜追击过大渡河。吐蕃、南诏几乎全军覆没。经过这次惨败后，异牟寻非常后悔，深深感到依附吐蕃的遗害。从此，吐蕃同南诏的关系出现裂痕，唐同南诏复交有了转机。远见卓识的韦皋和郑回便抓住这个时机，促成南诏同唐和好。

郑回，原籍河南湘州，天宝年间进士，曾任唐西泸县县令，南诏攻破嶲州时被俘。他因有学问，深得阁逻凤器重，被任命为王室教师。异牟寻继位后，以郑回为清平官（丞相），从而成了举足轻重、最得信任的重臣。郑回曾劝异牟寻弃吐蕃归唐，并分析了归唐的益处。异牟寻觉得他的话有道理，便产生了归唐之意。这时任剑南西川节度使的韦皋，听说南诏有归唐之意，便乘机进行运动，促成其事。

韦皋，字武成，唐代京兆（今陕西西安地区）人，是一个颇有才能的地方长官。贞元元年（785），韦皋被任命为剑南西川节度使（简称剑南节度使），到任后，认为"云南蛮众数十万与吐蕃和好，蕃人入寇，必以蛮为前锋"，对唐威胁甚大要保障西南安全，必须争取南诏附唐，使吐蕃失去援助。韦皋听说南诏有意归唐，便通过蛮族人寄信给异牟寻，主动和他联系。贞元七年（791），韦皋又秘密寄信给异牟寻，劝他背弃吐蕃，归顺唐朝。在韦皋反复诚恳地劝导下，又有郑回的支持，异牟寻决心归唐。唐德宗贞元九年（793 年）4 月，异牟寻召集众酋长商议后决定，一面致书韦皋，表明自己归唐的态度，一面派遣使者，拿着以前韦皋寄给异牟寻的信，分道去长安，同唐朝廷商议归附的事。使者到长安后，向唐朝廷献上方物（地方特产），并转达异牟寻"请归大国，永为藩国"的请求。唐德宗非常高兴，赐诏书嘉奖异牟寻，同时命令韦皋派专使赴南诏议和，韦皋便以崔佐时为使，到南诏国都阳阻咩城（又叫羊咀咩城）。异牟寻"设位陈灯烛，"迎接唐使者。

其时，为稳定异牟寻的归唐决心，郑回给崔佐时出了不少主意，使议和顺利进行。贞元十年正月，双方代表在点苍山神祠会盟，宣布两国正式结盟。从此，南诏归附唐朝，异牟寻去掉吐蕃给的帝号，接受唐的封号。两国消除数10年积怨，和睦相处。后来，南诏多次出兵配合韦皋指挥的唐军，大败屡次入侵唐境掳掠和欺压过南诏的吐蕃，取得空前未有的胜利。

南诏同唐结盟，使唐多了一个盟国而少了一个敌国，从战略上孤立了吐蕃，从而更有力地打击吐蕃的入侵，保障西部边境的安全。南诏则摆脱了吐蕃的控制和征敛，取得和平发展的机会。从历史上看，南诏同唐和好，加强了云南地区同内地的联系，对促进这个地区的经济文化繁荣和发展，起着重要的作用。韦皋、郑回促成南诏同唐复交，无疑是他们在特定的历史条件下，作出的卓越贡献。

## 欧阳修不夺友人之功

> 行同趋同，千里相从。
>
> ——《淮南子》

夜深了，北宋文学家、史学家欧阳修还在灯下苦苦思索，为这事他已经好几天睡不好觉了。

原来，前几天，他接到皇上的诏书，命令他对自己所撰修的《新唐书》中的"纪"和"志"两部分和宋祁（北宋文学家、史学家，998～1061）所撰修的《新唐书》150卷"列传"部分一起进行加工润色，使之文体一致

起来。欧阳修对皇上的命令感到实在为难。一来宋祁是自己的长辈，自己对他一向十分尊敬；二来宋祁工诗能文、素有真知灼见，造诣颇深，诗写得尤其佳丽。再者，各人的想法，毕竟不同，自己怎好贸然去修改别人的文字呢？他思忖再三，感到皇上的旨意难于遵命，于是，便连夜写出奏折，请求圣上收回诏书。宋仁宗看了欧阳修的奏文，感到言之成理，也就不再提这件事了。

紧接着，又出现了在书上署名的问题，按照旧例，一本书由几个人合撰，只署其中职位较高者。当时欧阳修是枢密副史、参政知事，而宋祁是翰林学士，当然应该署欧阳修的名，但欧阳修不愿这样，他一向尊敬宋祁，二人交谊又深，感到宋祁在修《新唐书》的过程中花费的心血比自己多，自己怎好凭自己的高位，贪他人之功，掩盖宋祁的贡献呢？于是，他又向皇上奏明，主张同署二人之名。

宋仁宗批准了欧阳修的奏文。于是《新唐书》上"纪"和"志"部分署名是欧阳修，而"列传"部分署名是宋祁。从此两人更加互尊互敬，交谊愈加深厚了。


## 费宏访友谢罪

> 冤家宜解不宜结，各自回头看后头。
>
> ——（明）冯梦龙

明朝时，一次皇帝对各地来京的读书人进行考试。没想到，考上第一名中了"状元"的，竟是一个不满20岁的年轻人，他的名字叫费宏。看到把自己的名字列在最先头的"金榜"在长安街上挂了3天，费宏的心里高兴极了。他很快就骄傲自大起来，觉得自己比别人高一头，不把别人放在眼里。

有一天，一位旧时的朋友来找他聊天，因为对某个问题的看法不一致，两个人争论起来，互不相让。费宏认为这是伤了自己这个"状元"的面子，一时火冒三丈，就打了那个朋友一个嘴巴。朋友捂着脸，气愤地走了。从此，一对好朋友就互不来往了。

不久，费宏的父亲听说了这件事，十分生气。他连夜写了一封长信，严厉地教育儿子："你年纪轻轻，却如此不敬重朋友，实在太不象话。你应该赶快到那位朋友家去陪礼，不然的话，你就会犯更大的错误！"随着这封信，还寄去了一根竹板子，要求儿子拿着竹板子去向朋友请罪。

读完父亲的信，费宏感到很羞愧。他立刻遵照父亲的要求，直奔那位朋友家。可此时朋友还没有消气，不愿见他。他一连去了三次，都被对方找借口拒绝了。费宏更加不安。他第四次去，就求别人先把父亲的信和竹板子送给那个朋友，请他过目。

忽然，那位朋友流着眼泪跑出来迎接费宏。费宏见他这么伤心，以为他还在记恨前些天的那件事呢，就连忙道歉说："我太对不起你了，请你别再生气吧！"那位朋友连连摇头，说："不，我不是生你的气，看了别人送进去的信和竹板子，我太感动了！你有多好的父亲啊！你有了过错，他这样认真地教育你；可是我的父亲早就去世了，我有了什么毛病，就听不到他的管教了。我是为这个才哭的呀！"费宏说："咱们朋友之间，也要互相指出过错，互相帮助改正毛病啊！"

从此以后，他俩共同严格要求，友谊更加深厚了。费宏后来成了一个很有作为的政治家。

# 顾贞观赋词救挚友

夫大寒至，霜雪降，然后知松柏之茂也。

——《淮南子》

清初著名词人顾贞观和著名诗人吴兆骞同为江南才子，一个填词，一个作诗，在清初的文坛上崭露头角，名气大震。早在青年时代，他们就诗酒交往，过从甚密，或蠡湖泛舟，春郊驰马；或围棋击筑，谈诗论文，志趣相投，肝胆相照。

清顺治十四年（1657），吴兆骞参加江南乡试，考中举人，不断有人揭发考场弊端，引起顺治帝震怒，核准礼部所奏："钦定试期，亲加复试，以核真伪。"吴兆骞就和其他所有中举者一起被押往北京复试。考场上除考官罗列监视外，堂上摆着桎梏镣铐等刑具，堂下排列着举刀持棍的武士，且每个举子身边还有两个护军夹立监视。在这种气氛下，参加复试的举人大都战栗不安，失去作文赋诗的灵感，有的甚至抖索着连笔也握不住。吴兆骞虽有才华，但也受到环境的影响，未能终卷，遂亦以舞弊定案，被杖责40大板，遣送至8000里外的宁古塔（今黑龙江宁安县）去戍边。

吴兆骞离京出塞时，诗人吴梅村挥泪相送。作《悲歌赠吴季子》诗一首以寄托友情。

1660年8月，沙俄侵略者在黑龙江下游侵扰，统领巴海率领军民迎击，吴兆骞写了一首题为《奉送巴大将军东征罗察》的长诗，谴责罗察（即沙俄）的暴行，歌颂巴海率军抗战的爱国正义行动。

吴兆骞被遣送到黑龙江戍边后，顾贞观为好友蒙受不白之冤感到悲伤，立下"必归季子"的誓言。但这个案件是顺治皇帝所亲定，继位的康熙皇帝并无昭雪之意。当顾贞观接到吴兆骞从戍边寄来一信时，才知吴戍边的苦况："塞外苦寒四时冰雪，鸣镝呼风，哀笳带血，一身飘寄，双鬓渐霜，妇复多病，一男二女，藜藿不充，回念老母，茕然在堂，迢递关河，归省无日……。"

顾贞观读信后，凄伤流泪，深知身居绝塞的好友的凄苦。救友生还已刻不容缓。当他了解到朝廷中身居要职的宋德宜、徐翰学过去与吴兆骞都有过交往，便连夜奔走于这些权贵之间。谁知人情淡薄，世态炎凉，这些已飞黄腾达的高官显宦根本不愿出力解难。顾贞观一筹莫展，百感交集，于是挥笔写下了《金缕曲》二首，作为给吴兆骞的复信。

二阕《金缕曲》，对患难之友"悲之深，慰之至。叮咛告诫，无一字不从肺腑中流出"。这种忠贞生死之谊，至情之作，终于感动了顾贞观新结识的一位朋友——纳兰性德。

纳兰性德，字容若，是清代满族最杰出的词人，其父明珠，官至太傅，主持朝政多年。纳兰性德虽出生在门第显赫的贵族家庭，18岁就中举人，22岁被康熙皇帝选为御前侍卫。但他却无意于官职的升迁，喜欢治学，写诗赋，惜友情，重然诺。"以风雅为性命，朋友为肺腑"，他与顾贞观一见如故，互相倾慕。当他读了顾贞观的《金缕曲》后，心情十分激动，向顾表示，"不玉成此举者，非人也！"决心承担营救吴兆骞的重任。在他的一再恳求下，其父终于应允以重金赎回吴兆骞。由明珠出面，宋德宜、徐翰学等人也同意捐款相救。

康熙二十年，51岁的吴兆骞终于回到了北京. 当他出现在纳兰性德家里时，人们看到的是一个形容枯槁发须皤然的老翁，在宁古塔的凄苦生活，使他过早地衰老了。这时，一股暖流涌上他的心头，感激之情化成了滚滚热泪，他在好朋友面前痛痛快快地恸哭了一场。纳兰性德把他留在家中担任授读，"三载宾筵，锦衣鼎食"。可惜他已经是一段膏蜡燃尽的残烛，到54岁时就因病逝世了。

吴兆骞在坎坷的一生中，写了许多诗文，给后人留下了一份文学遗

产——八卷《秋笳集》。顾贞观写给他的二阙《金缕曲》，因为纳兰性德在祭吴兆骞的文中曾说："金缕一章，声与泪随，我誓返子，实由此词。"所以被人传诵为"赎命词"，成为清词中的压卷之作。顾贞观与吴兆骞间的生死之交，成为文坛佳话，至今仍被人们所传颂。

# 张际亮与姚莹患难与共

平生知心者，屈指能几人？

——（唐）白居易

张际亮与姚莹不仅是诗友，也是志同道合，患难与共的朋友。

张际亮，福建建宁人。他才华横溢，秉性耿直，不随流俗，广结大江南北的仁人志士，如林则徐、姚莹、魏源、黄爵滋等，其中与姚莹的交往最为密切。

姚莹，安徽桐城人，是鸦片战争时期著名的抵抗派将领。他拥护和支持林则徐严禁鸦片积极了解外事，关注国计民生。他就任台湾兵备道后，坚决抗击英军侵略，为保卫祖国海疆立下了汗马功劳。但他反而遭到昏聩腐朽的清政府的革职查办，被横加罪名，逮入京师问罪。这一冤狱在当时知识分子群中引起了强烈的反响。张际亮闻讯痛心疾首，此时他重病在身，仍不辞劳苦，四处奔走呼号，竭尽全力为姚莹鸣冤伸屈。决定亲自伴陪姚莹进京，以示对好友抗敌卫国之举的支持和对清廷制造冤狱的强烈抗议。

1843年7月，押送姚莹入都的囚车途经淮上，张际亮在此迎候多时，做好了护送友人北上、同赴囹圄的准备。姚莹为张氏义举感激不已，但极力劝止张际亮进京。然而，张际亮决心已定，毅然抱病陪随姚莹的囚车，踏上了凶多吉少的北上艰途。像张际亮那样对清廷制造冤狱、打击贤良深表不满的志士不乏其人。当姚莹被押至北京南郊的长辛店时，竟云集了30余位京官名士在此相迎。姚莹入狱后，人们更是为之奔走营救，不惧危险入狱探望。清政府迫于舆论压力，不得不把姚莹释放。可是，本来就病魔缠身的张际亮，此时因长途跋涉使病情愈益恶化了。京师诸义士为张际亮的高风亮节所感动，纷纷前来慰问。张际亮在临终前请求姚莹协助他整理自己生平所撰诗作，后世所传《恩伯子堂集》就是由姚莹在张际亮病榻前编纂好，经张氏首肯，并与他故后刊行的。

张际亮的病逝，使姚莹悲痛万分。他以真挚的感情，写下了《祭张亨甫文》和《张亨甫传》寄托对故友的深切缅怀。他洒泪护送张际亮灵柩回故里安葬。

张际亮抱病扶囚车北上，为友伸冤；姚莹挥泪护灵柩南行，报友恩情，这是一幕多么悲壮、感人的情景，它不仅反映了姚、张和人间的生死交往，同时也是当时爱国知识分子赤诚报国的生动写照。

# 田汉与周信芳剧坛知己

> 合意友来情不厌，知心人至话投机。
>
> ——（明）冯梦龙

田汉与周信芳都是我国剧坛的一代宗师，两人交往密切，友谊深厚，在戏剧史上留下了一段佳话。

田汉18岁去日本求学，途经上海观看了周信芳的京剧艺术。1923年秋，二人相见，一见如故。周信芳说："相识满天下，知心能几人。今天我

们能一见如故，明天就以兄弟相称吧。"从此，二人交往甚密，一起切磋戏剧曲目。

1928 年，田汉创办了南国艺术学院，不久受挫停顿，转而集中力量办南国剧社。剧场难借，又没戏台，在周信芳的全力支持下，公演赢得了广大观众的热烈欢迎。

1930 年，田汉改编的《卡门》被国民党当局禁演，田汉遭搜捕。由于鲁迅先生的及时警告，田汉转移，悄悄来找正在演出的周信芳，周信芳给田汉改了装。又拿出钱给田汉，然后设法将其送到日租界的一位朋友家里，田汉才免遭拘捕。

1937 年，抗日战争爆发，周信芳、田汉等人冒着敌人的轰炸，在上海为不做亡国奴而奋勇斗争！

1948 年，田汉离开上海，进入解放区。田汉与周信芳再次见面，已是新中国诞生前夕。1949 年 6 月，周信芳被选为出席全国第一届文代会的代表赴京开会。在灿烂阳光下战友重逢、感慨万千。此后，田汉在北京担任文艺界的领导工作，历任文联常委，文化部艺术局局长、中国戏剧家协会主席等职务，周信芳还是在上海从事戏剧活动，任中国戏剧家协会副主席、剧协上海分会主席、上海京剧院院长。他们虽然远隔两地，却仍在同一条前线上工作，两人南来北往、凡相聚必作长谈，分别时又总依依送行，友情与日俱增。

1961 年 2 月，文化部隆重举行周信芳演剧生活六十周年纪念活动。田汉到会作了题为《向周信芳同志的战斗精神学习》的讲话，高度赞扬了周信芳的战斗精神，革命热情以及对京剧艺术的贡献，称他为"战斗的表演艺术家"。在纪念活动中，周信芳先后在北京、上海演出了《打渔杀家》、《乌龙院》等拿手好戏。田汉欣然命笔，赠诗四首，其中两首为：

喜为人间吐不平，早年英锐已知名。

曾因王莽诛民贼，亦借陈东励学生。

手创移风肝胆壮，扶持南国意图新。

登场犹忆鱼龙会，武二刀光一座惊。

六十年来磨一剑，精光真使金石开。

由它眼弱和头白，唱通山陬与海隈。

万死不辞尊信国，千山所指骂王魁。

乾坤依旧争邪正。珍重先生起怒雷。

诗中巧妙地列举了周信芳各个时期编演的剧目《王莽篡位》《徽钦二帝》《文天祥》《义责王魁》等，称赞周信芳正是通过这战斗的历程，实现了自己的非凡人格。

60 年代第一年，田汉因工作到上海. 正逢农历除夕。周信芳的夫人到海外探亲去了，家里只有周信芳一人。田汉怕老友感到孤寂，除夕之夜特地来周家陪伴。两人作竟夕之谈，直到次日凌晨，大年初一的爆竹响起时，他们的谈话还没有结束，数十年的友情真比流水还长。

1963 年年末，1964 年初，上海举行华东话剧会演。田汉作为中央有关部门的代表到上海，可是那个叫喊"大写十三年"口号的华东局领导人以及张春桥等，给田汉以冷遇，并对他排挤、诬谄。那次，田汉与周信芳虽然仍彼此看望，但是"山雨欲来风满楼"，他们心境都不好，因此二人忧心忡忡，有许多话不便明说，只能通过忧郁的眼神，相互心照不宣。这大概就是他们的最后一次会面，也可以说是最不愉快的会面了。

## 赵敬之与陈中柱生死结盟

壮心剖出酬知已。

——中国谚语

在江苏盐城市盐城公园内的烈士陵园中，最上首有一对圆形的墓冢，这两座墓中安葬的一位是盐城地区早期的共产党员，革命教育家，全国著名烈士赵敬之；一位是被誉为"一代抗日英雄名将"、"断头将军"的国民

党鲁苏皖边区游击总指挥、第四纵队司令陈中柱将军。

为什么这两位不同政党的人物的墓紧挨着，一般大小，又合用一块广场呢？这当中有一段感人的故事。

陈中柱和赵敬之是同乡同窗，是情同手足的结拜兄弟。1924 年，他们读中学时就品学兼优，正直爱国，在国民党老党员陈为轩先生的培养教育下，兄弟俩同时参加了国民党。1927 年初，他们投身到大革命的洪流中，在家乡发动革命，扩大北伐军的影响。1927 年 7 月，国共两党的合作破裂，大革命失败。陈中柱考入国民党江苏省警官学校。1928 年 8 月，赵敬之从南通省立七中毕业后，考入了由中共地下党主办的上海劳动大学。1930 年，他成为中共党员。

从此，两位同乡、同窗、同甘共苦的兄弟，在历史的十字街头，各自选择了不同的政治道路。一个继续为国民党员，成了国民党军队的骨干；一个是中共地下党员，成为无产阶级的先锋战士，即使这样，他们之间的往来仍然不断，也未影响俩人的情谊。陈中柱并没有因为身份不同而轻视义弟，相反却经常向义弟提供帮助；赵敬之也没有因为义兄是自己的"政敌"而疏远他、厌弃他，反而借助义兄的关系开展工作。1933 年赵敬之受党的派遣，在陈中柱的关照下，考入南京国民党中央军校政训班学习。

"九一八"事变，在日寇的侵华行径面前，兄弟二人义愤填膺，同仇敌忾，联袂请缨，共赴华北抗日前线，杀敌保国。他们互相支援，浴血奋战。在台儿庄西面的大洞山战役中，赵敬之听到大洞山处义兄被围，冒死连夜赶赴大洞山，没见到义兄的面他悲痛欲绝，几不欲生。在盐城西乡洪桥，兄弟俩又见面了。经过这场血与火的离别而再次相见，俩人分外亲热。赵敬之经地下党组织的同意，帮助扩充了陈中柱队伍的实力，装备，成为一支有力的抗日武装。

1939 年，赵敬之和几个地下党员创办了"盐城县第一中学学生补习团"，直接为新四军培养和输送骨干。一次，因学生行动不慎泄露了秘密，被国民党县党部发现，赵敬之被捕。在酷刑下，赵敬之坚贞不屈，始终没有暴露自己的身份。

　　赵夫人携幼女哭诉，找到陈中柱，陈中柱气得浓眉怒竖，向抓赵敬之的人说明赵是他的义弟，输送的青年是来投奔他的部队的。县党部顾虑到陈中柱是中统头目，不敢得罪，只好将赵敬之释放，并礼送到泰州。

　　获释后，赵敬之住进陈中柱家中治伤、休养，兄弟俩经常促膝谈心，赵敬之还根据陈毅的指示，帮助陈中柱整肃了政训处，清除了特伪分子，成立了政治工作队，宣传抗日救国的道理，鼓舞士兵的斗志。陈中柱挽留义弟帮他带兵。并委以重任。但因为赵敬之接到了陈毅的秘密通知，他谢绝了义兄的一片盛情，借口回乡看望老母，返回盐城。

　　1940 年，在国民党的第二次反共浪潮中，有人拉陈中柱同流合污，陈中柱拒绝了，于是他便成为日伪军的眼中钉，处境十分险恶。他率四纵队孤军奋战百余日，弹尽粮绝。在这种情况下，陈中柱想起陈毅的嘱咐，率部向新四军驻地靠拢，准备起义。就在他转战到兴化水网地带时，突遭日伪军五路截击、包围。陈中柱一面激战一面派人与新四军联系。陈毅得知陈中柱的情况，当即派赵敬之率一个加强营火速出击，援助陈中柱突围。1941 年 6 月 7 日，当新四军增援部队强渡到第六道河时，遇到了冲出包围的陈部残兵，才得知陈司令已经壮烈殉国了。

　　日军为了邀功，残暴地将陈中柱的头割下来送到泰州的日军少将那里，陈夫人闻讯后带着幼女毫无畏惧地闯入日军司令部，索取丈夫的首级。日军司令深为她的果敢行为震惊，捧交了陈中柱的首级。陈夫人将丈夫尸体缝合好，安葬在泰州城下。

　　1947 年夏天，党派赵敬之建立苏皖边区第五行政区高级专科学校。8 月 2 日下午，在赵敬之穿越串场河敌人封锁线时，被国民党便衣队发现，面对敌人，他临危不惧，纵身跳入河中向对岸游去。敌人以排枪向他射击，击中了他的头部，赵敬之壮烈牺牲在串场河中。

　　40 个春秋过去了，1986 年 10 月，盐城市政府将赵敬之烈士的陵墓从串场河畔迁入盐城公园的烈士陵园，同时举行了隆重的立碑仪式。

　　这时，已旅居国外的陈夫人得知丈夫义弟迁灵的消息，马上飞越重洋，回到祖国，向赵敬之的陵墓敬献了鲜花，然后向政府提出申请：追认陈中

柱将军为烈士；为纪念丈夫及其义弟的生死之交，将陈将军的陵墓也迁到烈士陵园中，让兄弟俩永远相伴。1986 年，政府批准了陈夫人的请求，两位生死结盟的兄弟，两位为民族献身的英杰，两个中华民族的忠魂，相陪相伴，同被人们祭奠，共为人民敬仰。

# 丁玲与史沫特莱为共同事业而战

> 朋友切切思思。
>
> ——《论语·子路》

早在 1931 年，丁玲就认识史沫特莱了。那时，丁玲的丈夫胡也频牺牲后，丁玲送孩子从湖南回到上海，一个人住在环龙路的一个弄堂里，伏案写作。有一天，冯雪峰同志通知她去见史沫特莱。

在一栋花园洋房里，史沫特莱热情地接待了她。这位长得十分高大的美国女记者给丁玲留下很深的印象，她们谈了一个上午。史沫特莱对左联五烈士的死难，表现了无限同情和愤慨，还详细询问了丁玲的经历、处境、未来的打算和写作计划，还为丁玲拍了不少照片。两个异国的女作家，很快成了知心朋友。后来，她们又见过几次面。有一次，史沫特莱告诉丁玲，有个特务一连几天在马路对面监视她的行动，她气极了，拿了一根棒子冲了出去，要打那个特务，吓得特务仓惶逃跑，再也没敢来。史沫特莱一边说，一边哈哈大笑。天真、开心的笑声，感染了丁玲，她也笑了起来。

1936 年，丁玲在到陕北之前，住在西安的德国医生冯海伯家里，等待党的指示。有一天，冯海伯告诉丁玲，今天我要招待两位客人，请你帮助烧几个菜。于是，丁玲忙乎起来。晚上，客人来了，没想到，竟然是史沫特莱和埃得加·斯诺。

丁玲扑过去，和史沫特莱拥抱在一起，她们高兴极了、急急地用英语交谈起来。这天晚上，刚从陕北来到西安的斯诺，成了谈话的中心人物。朋友们围着他，听他讲苏区的生活，讲毛泽东、周恩来、朱德和许多身经百战的红军将领。他将自己收集的苏区生活的照片拿给他们看。他们热情澎湃，激动地用三种语言唱起《国际歌》。斯诺还教他们唱红军歌曲："炮火连天响，战号频吹，决战在今朝……。"

1936 年冬，女作家丁玲从上海来到了延安。第二年 1 月，丁玲又从原来所在的陈赓部队转到二方面军贺龙同志的司令部。一天，总司令部派通讯员来接她，说有一个外国女记者在那里。原来这女记者正是美国友人，丁玲的老朋友史沫特莱。丁玲立即和通讯员朝总部出发。来到总部，彭德怀等领导同志正在热情地向史沫特莱介绍部队情况。史沫特莱一见到丁玲，便大声喊："丁！"她们又紧紧拥抱在一起。史沫特莱看着面前身穿军装的丁玲，又惊又喜，几乎认不出这就是从前在上海身穿连衣裙的女郎了。

第二天，丁玲陪同史沫特莱去了延安。到延安后，党中央和毛主席又给丁玲分配了新的工作。因此，丁玲没有再回前方。而史沫特莱就住在凤凰山的大窑洞里，她也过着八路军的简朴生活，穿一身灰布制服。她不习惯睡炕，就在炕上支一个帆布行军床，炕前一张小桌，桌上一架打字机。外屋有一张方桌，毛主席朱总司令来看她，就坐在方桌边。

丁玲常去看望史沫特莱。史沫特莱是一个很勤奋的作家，悠闲与她无缘，她从早到晚地认真工作，搜集资料，了解情况。每当丁玲看到她工作，就不免为自己散漫.、缺乏应有的紧张而感到惭愧。她把自己的这种感想说给毛主席听，毛主席就鼓励她要向史沫特莱学习。

在中国革命斗争的岁月里，丁玲和史沫特莱这对异国女作家的友谊是令人羡慕的。她们都在用自己的笔为一个共同的事业而战斗。从她们写的散文、小说以及领袖人物传记中。人们可以看到红军生活的剪影，看到革命事业必胜的信念，并让全中国乃至全世界了解八路军，了解中国共产党。

# 何香凝与宋庆龄姐妹情深共患难

> 恩德相结者,谓之知已;腹心相结者,谓之知心。
>
> ——(明)冯梦龙

何香凝比宋庆龄大 14 岁,她和秋瑾一样,是同盟会最早的女会员。早在 1905 年,何香凝就在反清革命刊物上发表《敬告我国同胞姐妹》等文章,鼓励中华妇女参加反清斗争,成为出色的革命女战士。

1925 年 3 月,孙中山临终前,三次请何香凝到病榻前,切切叮嘱:不能因宋庆龄没有子嗣而轻视她。何香凝当即表示:"先生的一切主张,我誓心遵守。至于孙夫人,我也当然要尽我的力量来爱护。"当时孙中山久久地紧握着何香凝的手说:"廖仲恺夫人,我感谢您……",可见孙中山对何香凝的信任。

孙中山弥留之际,何香凝与宋庆龄在孙中山的遗嘱上签了字,是著名的《总理遗嘱》的两个女签证人。孙中山逝世后,何香凝从北京回到广州,立即在国民党中央执行委员会上提议,将原来自己担任的国民党中央妇女部部长一职由宋庆龄担任。在上海的宋庆龄得知后,一再推辞,国民党中央和何香凝再三邀请,1926 年 1 月,宋庆龄担任了妇女部长,并与何香凝一起被选为中央委员。

1927 年 7 月,武汉国民政府汪精卫集团背叛孙中山的三大政策,决定分共,在国民党中央执行委员中,除共产党人外,有三人不赞成分共,这就是何香凝,宋庆龄、陈友仁。

1931 年"九一八"事变后,宋庆龄,何香凝为救国难,又重聚上海。

不久，日本发动了进攻上海的"一·二八"事变，宋庆龄、何香凝亲率慰劳队赶到前线慰问，使十九路军军长蔡廷锴以及全体官兵大为感动。

1934年，中国共产党发表要求蒋介石国民党"停止内战，一致对外"的《中华人民对日作战基本纲领》，宋庆龄、何香凝率先在"纲领"上签了字。在她们的带动下，共有1779人签字。但蒋介石一意孤行，继续坚持"攘外必先安内"的反动政策。何香凝愤慨之下，送了一条女裙给蒋介石，裙子上写着这样一首诗："枉自称男儿，甘受倭奴气，不战送山河，万世同羞耻，吾侪妇女们，愿往沙场死，将我巾帼裳，换你征名去。"强烈地鞭挞了蒋的卖国行径。

1937年6月，沈钧儒等"七君子"因宣传抗日救国主张，被国民党当局非法逮捕入狱。宋庆龄、何香凝等亲自到国民党苏州高等法院，发表声明，愿意为抗日救国而入狱，与"七君子"同服爱国罪。何香凝还写信给国民党行政院和蒋介石，信中说："总理弥留之际，（我）曾应允爱护夫人（宋庆龄）及其后人，现在中委之中，曾聆此言者大有人在。今杯土未干，诸言在耳，孙夫人如果入狱，香凝决偕行也。香凝年近六十，行将就木，何惜残废之躯，如能贡献国家，万死不辞。"警告国民党当局不得为难宋庆龄，并立即释放七君子。

1941年1月，蒋介石国民党悍然制造皖南事变，围剿抗战有功的共产党领导下的新四军。宋庆龄、何香凝、柳亚子、彭泽民以国民党中央委员身份，联名致函蒋介石及国民党中央执行委员会，信中指示，"最近讨伐共产之声甚嚣尘上，中外视听为之一变。夫其党问题原为世界性之问题，世界上病态不除，则此种势力组织必存在，我总理早已揭示其端倪矣。我总理过去提出与箕产党共同努力干国民革命伟业，这是勿容变更。今日之中国共产党既在我政府领导之下，则准其发展所长，为吾党之靠山，抗战之干城，此正符合总理天下为公之怀抱。"有力地揭露了蒋介石背叛孙中山，发动内战的阴谋。

抗日战争胜利后，宋庆龄、何香凝欢欣鼓舞，她们奔走呼号，号召全国人民为建设和平民主的新中国而努力。但蒋介石国民党一意孤行，于

1946 年以围攻中原解放区为起点，悍然发动内战。宋庆龄、何香凝绝望之余，于 1947 年同李济深筹组中国国民党革命委员会。1948 年中国国民党革命委员会成立，宋庆龄任名誉主席，何香凝任副主席，李济深为主席。从此，宋庆龄、何香凝与背叛孙中山三大政策的蒋介石反动派彻底决裂。

## *穆青与老坚决潘从正*

> 一贵一贱交情见。
>
> —— （唐）骆宾王

　　"他不在了，我还真想念他。"穆青坐在新华社大楼办公室里，望着窗外飘飞的柳絮，神色黯然。他是谁，引得这位新闻战线上的老兵如此动情？是穆青的亲人，还是哪位部长、将军？都不是，他是一位在沙荒地里默默种树的老农民潘从正，人称"老坚决"。穆青同他交往长达 25 年之久，直到 1989 年年底老汉去世，那如兄如弟的友谊依然没有断线，可谓生死不渝。

　　1965 年底的冬天，就在新华社记者穆青、冯健，周原一行人采访豫东灾区，写出了震撼人心的报告文学《县委书记的榜样焦裕禄》以后，穆青本打算接着写河南宁陵县万庄村的"老坚决"与风沙搏斗植树造林的事迹，但是风云突变，十年动乱中，穆青全部的采访笔记本和日记，被"造反派一扫而光。夜色如磐，在牛棚里，穆青暗暗对自己说："我要写他，一定要写……"。这位无私奉献的劳动者的形象早已镌刻在他的心上，岂是风刀霜剑所能斫的！

　　一晃 14 年过去了。雨过天青，全国开始了四化建设的新长征。这时，穆青恢复了新华社副社长的职务。繁忙的工作，沉重的担子，不仅没有冲淡他对"老坚决"的思念，反而激起他亲自寻访这位种树老人的愿望。

1979 年初，穆青来到宁陵县万庄村外的苗圃，推开篱笆门，一眼就看到老汉正弯着腰侍弄树苗，模样消瘦苍老。老汉惊讶地回过头来，见是穆青便哭了，说："十几年了，还没人到这里来看过俺。"是的，连当地新上任的县区干部也说不清潘从正是甚等人，以及现在是否还在种树。岁月无情，一个小人物，显然被人遗忘了，但穆青没有忘，他来了。老人披肝沥胆，倾诉别后的辛酸与艰难，没个完，没个够。穆青发现，过去省、地、县发给老人的许多奖章躺在小匣子里，已布满了灰尘，便对同行的记者陆拂为说："这是一颗尘封土埋的珍珠，我们要精心拂拭，使它重现光彩！"

1979 年 4 月，当苗圃的小树绽出嫩绿的苞芽时，穆青与陆拂为合写的报告文学《一篇没有写完的报道》问世了。象一道闪电，"老坚决"的鲜明形象突然展露在万千读者面前。人们惊叹这瘦小伛偻的老人竟蕴藏着如此坚强的毅力，他为家乡造防护林带，虽然在政治风暴中三起三落，仍然继续着。即使在十年浩劫中，造反派不给工分，不发口粮的日子里，他照样坚守岗位，靠捋树叶，摘野菜，过着半饥半饱的生活。"俺是为国家，为子孙后代！"这胸中理想之火始终不曾熄灭。穆青、陆拂为把老汉形象地比作风口织网的蜘蛛，狂风一次次撕裂它的网，而它一次次又织起新的. 百折不挠，永不气馁。这种缀网劳蛛的精神，无论他已经遭遇多少次失败，无论从播种到收获要相距多少年之久，这种始终不渝的努力绝不会枉费！他的劳迹和贡献，也绝不会被历史磨灭。"

当穆青第四次去访问潘从正，两人栽了一棵泡桐树。穆青称它为"我心中永生的树"。他们的友谊就如这棵树，年年开花，芳香四溢。

1981 年，"老坚决"进京来穆青家做客。在主人的安排下，老汉逛了故宫、六安门、长城、十三陵等名胜古迹，受到林业部长的接见。老汉高兴的说："过去，俺庄户人，人老几辈谁想着能到北京呀，这回俺就来啦，真象做梦一样。"可呆了七八天，老人又急着回去，怕渴坏了他的树苗。穆青懂得他的心。

穆青公出先要找机会去看望"老坚决"，老哥俩亲亲热热，难舍难分。

1983年春，老汉托人捎给穆青两棵樱桃树苗，只因穆青曾无意中提到"樱桃好吃树难栽"。说者无心，老汉却忘不了放不下，就在自己的苗圃里试栽了2年，然后亲选了两棵，包上土，装上筐，愣是让人挑着担子，从家乡来到北京，送给穆青，如今樱桃树苗已成活长大，亭亭玉立，穆青出出进进，从树旁走过，总深情地看它一眼，仿佛那就是老人的形象。

1986年，老汉派孙子风风火火赶到北京，要看穆青。穆青吓了一跳，以为老汉出了什么事。孙子说："俺爷逼着我到北京来，说他好几年没见你了，想你啦，非要我来看看你啥样不可。""就为看看我，值得跑一趟北京？"穆青的眼睛一下湿润了。孙子拿出了一包花生和一瓶香油。偌大的北京哪能买不到花生、香油呢？但老汉的拳拳之忱却是千金难买的啊！

1989年，潘从正在他的苗圃去世。消息传来，穆青流泪了，如潮的哀思在胸中翻滚，使他难以平静。宁陵县委派人来京，说是要给"老坚决"立碑，请穆青撰文并书写。这是因为穆青同死者非同一般的友情，也是因为他写得一笔好字，潇洒刚劲，卓然自成一家。他慨然允诺，觉得这是自己义不容辞的责任。不久，一篇书法与文章珠联璧合的墓志铭诞生了。它凝聚着这位老新闻记者的哀思和对亡友热烈的赞颂，是散文，也是诗。碑文如下：

长眠在这里的是一位普通的农民，他名叫潘从正，人称"老坚决"。他在世87年，却有半个世纪抛家离舍同妻子住在沙荒地里培育苗圃植树造林。风沙曾掩埋过他，断粮几乎使他逃命；病了，他不肯离开，老了，还趴在地上拖着土袋修了50米坡路。他千辛万苦培栽的苗圃和防护林，历经劫难，几起几落，但他并没有气馁。他说："他毁，俺栽，他再毁，俺再栽，俺是为国家，为子孙后代！"

此处原先有棵老柿树，年年都挂果，纵是压弯了腰也硬撑着。他常夸这老柿树不偷赖，说人生也是一棵树，也应该多结果。老柿树移栽到别处后，他对家人说："我死了就埋在这里。"

如今，他的遗愿实现了。经他培育的树苗已经绿满宁陵大地，四里长的防风林已堵住了万碧风口，2000多亩风沙地也变成良田。人们将永远怀念他。你看，那高大的树干，是他坚实的身影；雪白的梨花，是他高洁的灵魂；绿色的风涛，是他爽朗的笑声；郁郁葱葱的林带，是他生命常青的丰碑……

他默默奉献的一生，是我国一代农民的风范，他为国家为人民缀网劳蛛的精神，将永远激励后人。历史将会证明，他比我们要年轻。

# 歌德和席勒的生死友情

谁若想在厄运时得到援助，就应在平日待人以宽。

—— （波斯）萨迪

歌德和席勒是德国文学史上的两颗巨星，又是一对好朋友。歌德体格结实，神态威严；席勒瘦弱憔悴，驼背凹胸。虽然歌德大席勒 10 岁，从外表看，似乎席勒倒比歌德大 10 岁。两个人的身世和遭遇也截然相反，但他俩的友谊却万古长青。

他们相识后，合作出版过文艺刊物《时代女神》，合写过讽刺短诗警句。席勒能够不受周围环境的影响，专心致志地创作，并不断地鼓舞歌德的写作热情。歌德对席勒深情地说："你给了我第二次青春，使我作为诗人而复活了——我早已不再是诗人了。"果然在席勒影响下，歌德一气呵成写出了叙事长诗《赫尔曼和窦绿蒂亚》，完成了《浮士德》第一部。这对，席勒也完成了他最后一部伟大作品《威廉·退尔》。

席勒去世的那一夜，歌德的房间里静悄悄的，低低地传出了哭泣的声音。他说："如今我失去了朋友，所以我的存在也丧失了一半。"

27 年后，歌德也死了。他的遗体和席勒的遗体葬在一起。

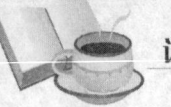
# 屠格涅夫悼念果戈理

> 灾难能证明友人的真实。
>
> ——伊索

1852 年 2 月 21 日，俄国伟大的作家果戈理逝世了。

他的挚友屠格涅夫伏案疾书，用沉重的笔和着自己悲伤的泪水赶写出一篇悼念果戈理的文章。

但是，沙皇统治者害怕这个俄罗斯人民爱戴的名字此时出现在报刊上。彼得堡的书报检查机关禁止发表一切悼念和颂扬果戈理的文章，并且声言，如果屠格涅夫不顾禁令，强行发表文章，他就会遭到逮捕。

正直和勇敢的屠格涅夫不怕专制主义者的威胁，他宁肯坐牢，也要慰藉死者的灵魂，尽莫逆之交的情谊。于是，他机智地避开沙皇侦探的监视，离开彼得堡，把文章送到莫斯科，趁那里还没接封禁令，就把文章在《莫斯科新闻》上刊登出来。

沙皇的特务机关第三厅不久见到了这篇文章，他们传讯屠格涅夫。沙皇早就痛恨这个经常在《现代人》杂志上登载《猎人笔记》的作家。在把屠格涅夫监禁一个月后，沙皇亲自下令，把屠格涅夫流放到斯巴斯基去。

为了果戈理，为了朋友而被流放的屠格涅夫感到自豪和光荣。

# 马克思与达尔文的共同追求

> 一切使人团结的是善与美，一切使人分裂的是恶与丑。
>
> ——列夫·托尔斯泰

1873 年 6 月 16 日，马克思将他的巨著《资本论》第一卷德文版，赠给生物学家达尔文，并在扉页上题词：

赠给查理·达尔文先生：

您真诚的钦慕者卡尔·马克思

一八七三年六月十六日于伦敦梅特兰公园莫丹那别墅一号。

收到书后，达尔文给马克思回了一封简短然而满怀深情的信。

敬爱的先生：

承蒙寄赠巨著《资本论》，谨致谢意。诚愿对政治经济学如此高深而又重大的课题能有较多的了解，以无愧于您的惠赠。尽管我们的研究领域是如此不同，但我相信，我们两人都热诚期望扩大知识领域，而这无疑将最终造福于人类。

您忠实的查理·达尔文谨启

一八七三年十月一日

造福于人类的共同追求，将两位大师的心紧连在一起了。

# 爱护晚辈　同舟共济

## 萧何月下追韩信共保明主

> 不就利，不违害，不强交，不苟绝，惟有道者能之。
>
> ——王通

项羽分封诸侯以后，汉王刘邦带着人马来到封地南郑（今陕西汉中东）。

汉王到了南郑，拜萧何为丞相，曹参、樊哙、周勃等为将军，养精蓄锐，准备和项羽争夺天下。但他手下的兵士们却都想回老家，差不多每天都有人开小差逃走，急得汉王连饭也吃不下。

有一天，忽然有人来报告："萧丞相逃走了。"汉王急坏了，真像突然被人斩掉了左右手一样难过。到了第二天早晨，萧何回来了。汉王见了他，又气又高兴，问他："你怎么也逃了？"萧何说："我怎么会逃走呢？我是专追逃走的人呀。"汉王又问："你追谁呢？"萧何说："韩信。"

萧何所说的韩信，本是淮阴人。项梁起兵后，路过淮阴，韩信去投奔他，在楚营里当个小兵。项梁死了，又跟项羽，项羽见他比一般兵士强，就让他当了个小军官。

韩信好几次向项羽献计，项羽都没有采用。韩信十分失望。等汉王刘邦到南郑去的时候，韩信就投奔了汉王。

韩信到了南郑，汉王也只给他当个小官。有一次，韩信犯法被抓了起来，几乎要被砍头，幸亏汉王部下一个将军夏侯婴经过，韩信高声呼喊求救，说："汉王难道不想打天下了吗？为什么要斩壮士？"

夏侯婴看韩信的模样，真是一条好汉，便把他放了，还向汉王推荐。汉王派韩信做了个管粮食的官。

后来，丞相萧何见到了韩信，跟他谈了谈，认为韩信的能耐不小，很器重他，还几次三番劝汉王重用他，但汉王总是不听。

韩信知道汉王不肯重用他，趁将士纷纷开小差的时候，也找个机会走了。

萧何知道韩信逃走的消息，急得跺脚，立即骑上快马亲自去追赶他，追了两天，才把韩信找回来。

汉王听说萧何追的是韩信，生气地说："逃走的将军有 10 来个，没听说你追过谁，单单地追韩信，是什么道理？"

萧何说："一般的将军有的是，像韩信那样的人才，简直是举世无双。大王要是准备在汉中呆一辈子，那就用不着韩信；要是准备打天下，就非用他不可，大王到底准备怎么样？"汉王说："我当然要回东边去，哪能老呆在这儿呢？"

萧何说："大王一定要争天下，就赶快重用韩信，不重用他，韩信早晚还是要走的。"

汉王说："好吧，我就依你的意思，让他做个将军。"

萧何说："大王叫他做将军，还是留不住他。"

汉王说："那就拜他为大将吧？"

萧何很高兴地说："这是大王的英明。"

汉王叫萧何把韩信找来，想马上拜他为大将。萧何直爽地说："大王平日不大注意礼貌，拜大将可是件大事，不能像跟小孩子闹着玩似地叫他来就来。大王决心拜他为大将，要择个好日子，还得隆重地举行拜将仪式才好。"

汉王说："好，我都依你。"

汉营里传出消息，汉王要择日子拜大将啦！几个跟随汉王多年的将军个个兴奋得睡不着觉，认为这次自己一定能当上大将了。

等到拜大将的日子，大家知道拜的大将竟是平日被他们瞧不起的韩信，一下子都愣了。

韩信谢过大王，向汉王详详细细分析了楚汉双方的形势，认为汉王发兵东征，一定能战胜项羽。汉王越听越高兴，只后悔没早点发现这个人才，倘若平日多注意团结网络天下各路志士贤人，岂不早就功成业就了？

韩信拜帅后，征战天下，屡建奇功，终于打败了项羽。"萧何月下追韩信"的故事，也成为贤臣团结臣僚的千古佳话。


## 黄霸愿与知己同赴难


> 相知在急难，独处亦何益。
>
> ——（唐）李白


黄霸（？～前51），字次公，淮阳阳夏（今河南太康）人，西汉大臣。

夏侯胜，字长公，东平（今山东汶上附近）人，西汉著名经师，《今文尚书》学的开创人。

公元前72年，汉宣帝提议为汉武帝创庙乐——宗庙武乐，来颂扬他的功德。让大臣们展开"讨论"。结论只有一个：应该依照皇帝的命令办事。因为群臣里，奉迎巴结的有，胆小怕事的有，不负责任的有。都人云亦云，随声附和。有歧义吗？有。唯独夏侯胜说："汉武帝虽然有扩大疆土的功劳，却为此阵亡很多将士，耗尽了国家的人力物力。疆土稳定，他又封禅、祀神、求仙，挥霍无度，使得徭役繁重，百姓流离失所。他对人民没有什么恩惠，不应该为他创庙乐。"

大臣们听了夏侯胜的话，都非常害怕，为避免自己受到牵连，联名上书举报，说："夏侯胜对皇上旨令妄加评论，对先帝肆意诋毁，实属大逆不道，应予治罪！"夏侯胜闻之，毫无惧色，正言道："直言不讳，君子之行；随声附和，小人作为。我即言明，死而无憾！"

群臣愕然。丞相长史黄霸挺身而出。黄霸尽管平时与夏侯胜很少往来，但今天听了夏侯胜的诤诤之言，看到他凛然正气，十分敬佩，立时将他视为知己。便上前和夏侯胜站在一起，拉着他的手说："先生也道出了我的心思，我愿与知己者共同赴死！"顿时，相知恨晚。

创庙乐的事定下来了，而夏侯胜却因犯诋毁罪被抓进了监牢，黄霸也因犯纵容罪入了狱。在狱中，他们谈国事，肝胆相照；议家事，情投意合。黄霸想向夏侯胜学《尚书》，夏侯胜认为早晚要赴死，拒绝了他。黄霸说："早晨知道了真理，晚上死也永没有遗憾了。"夏侯胜非常钦佩他的观点，便答应了他的请求。寒来暑往，两个春秋过去了。他们对《尚书》的研究，也越来越深入。

后来他们怎样呢？他们没有死，竟双双出了狱。大家都非常敬佩他们那种"交友贵相知"的精神。

## 太史慈与孔融休戚与共之

> 投之以木瓜，抱之以琼瑶。匪报也，永以为好也。
>
> ——《诗经》

太史慈，字子义，东莱黄县人也。身长七尺七寸，美须髯，猿臂善射，

弦不虚发（是真正的神射手）。自少已十分好学，后担任本郡奏曹史。

当时本郡与本州之间有嫌隙纠纷，是非曲直不能分，而结案的判决多以先让有司（掌刑赏之官吏）知事者较有利。其时本州的奏章已先发去有司处，郡守恐怕落后不利，于是求取可为使者的人。太史慈时年21岁，被选为使，乃日夜兼程取道，抵达洛阳，先到公车门前等候，待见州吏亦至，才开始求通上章。

太史慈假意问州吏道："君也是前来欲求通章的吗？"

州吏答道："是的。"

太史慈又问："奏章在哪里？"

州吏道："在车上。"

太史慈便说："奏章题署之处确然无误吗？可否取来一视。"

州吏殊不知太史慈乃是东莱人，便取出奏章相与。谁知太史慈先已藏刀于怀，取过州章，便提刀截而毁之。州吏大惊高呼，叫道："有人毁坏我的奏章！"

太史慈便将州吏带至车间，跟他说道："假使你没有取出奏章给我，我也不能将其损坏，我们的吉凶祸福恐怕都会相等无免，不见得只有我独受此罪。与其坐而待毙，不若我们俱同出走逃亡，至少可以保存性命，也不必无谓受刑。"

州吏疑惑地问："你为本郡而毁坏我的奏章，已经成功，怎我也要逃亡？"

太史慈便答："某初时受本郡所遣，只是负责来视察你们的州章是否已经上通而已。但我所做的事却太过激烈，以致损毁公章。如今即使见还，恐怕亦会因此见受谴责刑罚，因此希望一起逃去。"

州吏相信太史慈所言，乃于即日俱逃。但太史慈与州吏出城后，却潜遁回城通传郡章，完成使命。州家知其事，再遣另一吏员往洛阳通章，但有司却以先得郡章的原因，不复查察此案，于是州家受其短。太史慈由是知名于世，但他亦成为州家所仇视的人物，为免受到无妄之灾，乃避居于辽东。

公元193年，北海相孔融闻知此事，十分称奇，于是数次遣人动问太史慈的母亲，并奉送赠礼作为致意。适逢孔融为对付黄巾暴寇，出屯于都昌，却被黄巾贼管亥所围困。

太史慈从辽东返家，母亲对他说："虽然你和孔北海未尝相见，但自从你出行后，北海对我赡恤殷勤，比起故人旧亲，有过之而无不及；他如今为贼所围困，你应该赴身相助。"于是太史慈留家 3 日后，便独自径往都昌而行。

当时贼围尚未太密，于是太史慈乘夜伺隙，冲入重围见孔融，更要求他出兵讨贼。孔融不听其言，只一心等待外援。但外救未至，而贼围日逼。孔融乃欲告急于平原相刘备，可惜城中无人愿出重围，太史慈便自求请试一行。

孔融便道："现今贼围甚密，众人皆说难以突围，你虽有壮志，但这始终是太艰难的事罢？"

太史慈答道："昔日府君倾意照料家母，家母感戴府君恩遇，方才遣慈来相助府君之急；这是因为慈应有可取之处，此来必能有益于府君。如今众人说不可突围，若果慈也说不可，这样岂是府君所以爱顾之情谊和家母所以遣慈之本意呢？情势已急，希望府君不要怀疑。"

孔融这才同意其事。于是太史慈严装饱食，待天明之后，便带上箭囊，摄弓上马，引著两骑马自随身后，各撑著一个箭靶，开门直出城门。外围下的贼众皆十分惊骇，兵马互出防备。但太史慈只引马来至城壕边，插好箭靶，出而习射，习射完毕，便入门回城。明晨亦复如此，外围下人或有站起戒备，或有躺卧不顾，于是太史慈再置好箭靶，习射完毕，再入门回城。又明晨如此复出，外围下人再没有站起戒备，于是太史慈快马加鞭直突重围中顾驰而去。待得群贼觉知，太史慈已越重围，回顾取弓箭射杀数人，皆应弦而倒，因此无人敢去追赶。

不久，太史慈抵达平原，便向刘备游说："慈乃东莱之人，与孔北海无骨肉之亲，亦非乡党之友，只是因为慕名同志而相知，兼有分灾共患之情义。方今管亥暴乱，北海被围，孤穷无援，危在旦夕。久闻使君向有仁义之名，更能救人急难，因此北海正盼待贵助，更使慈甘冒刀刃之险，突出

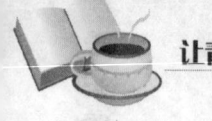

重围，从万死之中托言于使君，惟望使君存知此事。"

刘备乃敛容答道："孔北海也知世间有刘备吗！"乃即时派遣精兵3000人随太史慈返都昌。

贼众闻知援兵已至，都忙解围散走。孔融得济无事，更加重视太史慈，说道："你真是我的少友啊。"事情过后，太史慈还启其母亲，母亲也说："我很庆幸你得以报答孔北海啊！"

# 骆统让大家都不挨饿

> 勿以恶小而为之，勿以善小而不为。惟贤惟德，能服于人。
>
> ——（三国）刘备

骆统，浙江绍兴人，曾当过三国时期吴国的官员。他办事认真，很能为老百姓着想，是一个受人称赞的好官。

骆统小时候，正处在东汉末年。那时候，军阀们为争夺地盘连年混战，使得百姓们纷纷逃离家园躲避战乱。由于生产受到了严重的破坏．许多地方闹起了饥荒，很多人家没有吃的，只好忍饥挨饿。还有些人甚至被活活饿死。

小骆统是个心地善良的孩子，他看到了这幅惨景，对那些在饥饿中煎熬的人十分同情。

骆统8岁的时候，在外做官的父亲骆俊被军阀袁术杀害了。父亲死后，他的母亲改了嫁。小骆统无人照看，只好由亲戚送回到浙江老家，和已经出嫁的姐姐住在一起。

这一年，浙江地区也闹起了大旱。老天爷一连几十天没下什么雨，赤日炎炎，田地都干裂开了一道道大口子。禾苗都被旱死了，一粒粮食也没有收回来。没有了收成，吃饭成了大问题，许多人家虽然省吃俭用，用野菜谷糠掺和起来吃，但不久也就断粮了，只好忍骆统的姐姐家虽然也没有收成，但她平日节俭家中还有一些过去的存粮，所以日子还好过一点。

骆统看到乡邻们在忍饥挨饿，想起了随父亲在畔原时看到的饿殍遍地的惨景，他心里很不好过。渐渐地，姐姐发现骆统的饭量一天比一天小，常常是只吃几口饭就把碗推开了。姐姐看弟弟一天比一天瘦了下去。

一天，吃饭的时候，骆统看到桌上的饭菜，只是呆呆地发愣，好像有什么心事。

姐姐见了就问："你是不是哪里不舒服？""哪你到底有什么心事，告诉我好吗？"

骆统见姐姐一再追问，便伤心地对她说："姐姐，我看到村里许多人家都在吃糠咽菜，饿着肚子，就想起了过去见过的那些被饿死的人，心里就很难过。现在，别人都在挨饿，我怎能忍心只顾自己。"

姐姐听了弟弟的话，很受感动。她抚摸着弟弟日见消瘦的脸庞，心疼地说："原来是这样，你说得对，想得好，但为什么不早说完，姐姐就把自己家中也不是太多的存粮拿出来了一些，交给骆统，和他一起分送给附近因缺粮挨饿的人家。这些米虽然不多，但是对那些吃了上顿没有下顿，正在饥饿中煎熬的人来说，真是雪中送炭啊！

得到米的乡邻都非常感激骆统姐弟俩，都夸赞骆统是个心地善良，乐于助人的好孩子。很快，他不愿让大家挨饿，送米救济穷人的事迹就在当地传开了。

# 蔡邕倒履迎宾

学贵得师，亦贵得友。

——（清）唐甄

东汉末年，王粲（汉末文学家，177～217）随着担任小官的父亲住在京城。父亲不幸去世后，这个只有十几岁的年轻人沉沦在社会的底层。

一个偶然的机会，他见到了当时名满天下的蔡邕。蔡邕（东汉文学家、书祛家，132～192）学识渊博，文章绝妙，又担任了皇家的左中郎将，所以同他往来的都是些名儒、显宦。蔡邕同王粲交淡时，十分惊异这个年轻人的文学才能，尽管他们相差几十岁，蔡邕却不肯以长辈自居，甘愿和王粲结为忘年之交。

一天，蔡邕在家宴请宾客，室内高朋满座，门外车马喧闹。饮酒中间，一个仆人凑近蔡邕，说："王粲到了门外。"

"快请。"蔡邕说后，匆匆站起来，顾不上跟客人打招呼，赶去迎接，匆忙之间，连鞋子也穿倒了。

客人惊愕了，以为王粲一定是位"新贵"。一会儿，蔡邕陪同王粲来了。原来是一个衣衫破旧的瘦弱少年。客人们见了很不以为然。蔡邕觉察了大家的情绪，高声说："这位小客人具有出色的才能，我老头子可比不上哪！"

在蔡邕的关心培养下，王粲的文学才能得到了提高，终于成了著名的文学家。

# 褚遂良为臣僚勇担风险

> 人生结交在终始，莫为升沉中路分。
>
> —— （唐）贺兰进明

褚遂良是唐朝著名的大臣，钱塘（今浙江杭州）人。唐太宗时曾任官累至中书令。贞观二十三年（公元 649 年）奉太宗遗诏辅佐朝政。高宗即位后，封他为河南郡公，人称"河南公"，任尚书右仆射。

武则天是唐太宗身边的才人。太宗死后，她削发为尼，与青灯佛影相伴。不久以后，被太宗的儿子李治（也就是高宗）纳入后宫。入宫后，她卑辞恭让，曲意事奉，很快博得高宗的欢心，致使皇后失宠，高宗欲册封武则天为皇后。

消息传出后，一些有识之士无不忧心忡忡。曾奉先王遗诏的褚遂良找来了太尉长孙无忌，司空李勣共谋对策，决定入宫劝阻。但这件事会使皇帝发怒，最先进谏言的人危险最大。为国事安宁，他们三人争先提出入宫，大义凛然地承担风险。褚遂良对长孙无忌说："您是太尉，是太国舅，如果皇帝听了您的话生气了。有所怪罪，皇帝就会有不尊国戚的名声，这是不可以的，因而你不能先去。"这话讲得合情合理，既为长孙考虑，又替皇帝着想，让人无法反驳。

随后褚遂良又对李勣说："您是开国元勋，对国家有功，如果事情进展不理想，皇帝动怒，就让皇帝承担了凌辱功臣的名声，这也是不可以的。"这话说得入理，既要为国家保护功臣，又不能让皇帝声名有损。于是李勣

也不得不听从。

最后，褚遂良说："我是个普通人，对国家没有什么汗马功劳，只不过因为先帝特殊的恩遇才有了今天。而且在先帝逝世之前，我又亲自受命于遗诏。今天的事情，如果我不效力，死后有何面目去见先帝呢？"说完，他深深地作了一下揖，毅然入宫进谏。

高宗出于反对意见的压力，终因有所顾忌而暂时放弃了这一打算，但后来褚遂良终因反对高宗册立武后被贬职而死。但其为国事担忧，为同僚担险的忠正刚烈之气为后人所敬仰。

## 吴复古与苏东坡师友情深

> 一日为师，终生为友。
>
> ——中国谚语

宋代著名文学家，艺术家苏东坡与吴复古有过一段很深的交往。

吴复古，字子野，号远游，广东揭阳人。生于宋真宗景德元年（1004），卒于宋徽宗建中靖国元年（1101）。吴复古年少有文名，但性格奇特，淡泊名利。初举孝廉，授职皇宫教授。由于不满官场黑暗，决然弃官，筑庵麻田山中（今潮阳县境内）。他虽然出了家，但很讲究养生存气之道，他所讲的"养生"，乃是儒家的修身养性，所讲的"气"，是孟子之所谓浩然之气。史书记载他"每论出世法，以长生不死为宗事，以炼气服药为土苴"，反对道教的一套，主张一切顺应自然，强调自我休养。

出家后，遍游天下名山，广交名士，虽常出入于士大夫之门，但从不阿谀奉承，对人一无所求。当时的名士都十分景仰他。

北宋词人，天章阁待制李师中，素有"神童"之称，为人十分傲倨，

"于世少所屈"，唯独看重复古，称"白云在天，引领何及"。苏东坡兄弟也在这个时候认识了他。向他请教作文与处世之道，并写下《闻潮州吴子野出家》《问养生》等文章。他们虽然年龄相差数十岁，但一见如故，成了忘年交。苏东坡豁达豪放的性格与超逸的文才很得复古赏识，而吴复古刚直脱俗的性格与道德文章更使东坡折服。东坡曾把复古告诫他的养生之法素笔抄下，引为座右铭，这就是有名的《问养生》法帖。世传东坡善养生之法，颇受这位良师益友的影响。

宋哲宗绍圣元年（1094）8月，苏东坡被贬惠州，专程经潮州拜晤复古，老友重逢，分外高兴。苏东坡欣然命笔，为麻田寺题名"远游庵"，并作《远游庵铭并序》，至今麻田山仍保存有苏东坡当年的墨迹。

绍圣四年，东坡再次被贬海南，在琼州（今儋县）期间，曾多次向复古表达敬意。有一件事使东坡很受感动：复古曾命其子送过东坡一些潮州特产，东坡在儋州时记起此事，乃命人带了些海南特产鲜果给复古。谁知复古十分生气，命来人带回，并复函东坡，诚恳地说，朋友之交在于神交，只要彼此心心相印，何必搞世俗的那一套"礼尚往来"呢？这样做，只能给高尚的友谊带上世俗的习气。

到了元符三年（1100）底，苏东坡遇赦北归。97岁高龄的吴复古，感念老友情长，执意为之送行，来到清远。因天气寒冷，老迈之人不禁其寒，遂染病不起。至宋徽宗建中靖国元年（1101）4月13日，不幸病逝于归途。东坡在真州惊闻噩耗，万分伤感，写下了《哭子野》的祭文。

苏东坡与吴复古虽然对待现实的态度不同，前者是面对现实，不怕磨难、积极向上；而吴复古的思想较为消极，他不赞成东坡沉浮于宦海之中，曾劝他"邯郸之梦，尤足以破妄而归真，今子目见而身履之，也可少悟！"但是他们之间的友谊却成了千古佳话。

# 章太炎与苏玄瑛

> 礼之用，和为贵。
>
> ——《论语·学而》

章太炎是中国近代史上一位伟大的民主主义革命家。1903 年，他以"反清排满"的罪名被捕入狱，1906 年出狱后即流亡日本，主办同盟会机关报《民报》，宣传革命，旗帜鲜明地与保守派作坚决斗争。

1907 年 2 月，两个风尘仆仆的年轻人来到《民报》编辑部。章太炎身穿一件破旧的和服，在厚厚的眼镜片后面的双眼凝视着来人。

"先生，你不认识我啦？我是光汉。"刘师培走上前拉住了章太炎的手。当年章太炎在上海《爱国学社》任教时，刘师培是他的学生。

"唔，是你，光汉。"章太炎兴奋地丢掉手里的烟，笑了。

"先生，这是我的朋友苏玄瑛，他是专门从中国赶来拜见您的。"刘师培把身后的青年推到章太炎面前，介绍着。

苏玄瑛红着脸，叫了一声"先生。"

太炎望着这个瘦弱、矜持，一脸灵气的年轻人，自语道："苏玄瑛，好熟悉的名字呀！"

刘师培介绍说：玄瑛在《国民日日报》当过编辑。

章太炎说："对了，我看过你在《国民日日报》发表的《呜呼广东人》，把那些唯利是图，毫无爱国心的人骂得淋漓尽致，太好了！"大家都高兴地笑了起来。一会儿，太炎指着玄瑛对刘师培说："玄瑛年纪轻轻，难得这样沉稳。"刘师培朝太炎一稽首，半垂眼帘说道："出家人恬淡虚无，真气从之，自然又沉稳，又安静。"太炎闻言惊喜地盯住玄瑛："怎么？你还是个佛门弟子么？有法号么？"法号曼殊。""懂梵文么？""略微懂些。"玄瑛说着又红了脸低下头。太炎兴奋极了："这太好了，以后我们有时间可以在一起研讨了。"

接着他们又谈起了形势，又过了一阵，他们起身告辞。准备去给玄瑛安排住处。太炎指着凌乱的房间说："要是不嫌弃，玄瑛就住这儿吧，晚上闲了，正好有人聊天。"玄瑛被这意外的挽留惊呆了，好一会儿，他才如梦方醒地连连点头。

晚饭后，玄瑛和太炎相对而坐，闲谈起来。太炎问玄瑛："局势这么紧，到《民报》来怕不怕？"玄瑛含笑摇摇头说："没想过。"沉思片刻，他又说："我这次是为还愿而来。""还愿？"太炎很惊奇。"四年前我在日本留学时，就仰慕先生，发愿要作您的学生，现在我如愿了。"太炎的目光变得柔和了，微笑着吸烟。接着他们谈起了佛学和革命的道理。

玄瑛虔诚地注视着太炎，耳边的声音象海潮缓缓地从远处推来。"先生！"玄瑛喊道。"玄瑛，叫大哥，以后你们都不要叫先生，我是你们的大哥。"太炎的脸上，露出了轻松的笑，额上的皱纹也渐渐舒展了。

同盟会的处境越来越艰难，日本政府为了满足清政府迫害革命力量的要求，同时也感到同盟会的活动对日本政府也是一个心腹之患，因此，他们迫令孙中山离开日本。作为同盟会喉舌的《民报》，其处境就可想而知了，他们常常入不敷出，捉襟见肘。无奈，玄瑛只得拼命作画，给报纸的副刊拿去发表，或是拿去卖了，以补办报的经费。

一天，太炎和玄瑛在一起谈话，玄瑛问："世事这么艰难，大哥你就没想过失败么？"

太炎点起烟，严肃地思索了许久，突然问："你说项羽算英雄么？"玄瑛点点头。

"是呀！大丈夫做事，论是非不论利害，论顺逆不论成败，论万世不论一生。"

玄瑛轻声叹口气说："我虽然也常常有一腔激情，有干一番事业的雄心，可我的心又太容易灰，太容易冷，只有皈依佛门，求得心灵的安泰。"

太炎扔掉烟蒂，感叹说："是呀，我有时真羡慕你们斩断烦恼丝，遁入空门。可今天国家人民都处于水深火热之中，皈依佛门，这难道是男子汉大丈夫该做的事吗？"

玄瑛的脸又涨红了。

"想想看"，太炎继续说，"西方人信奉基督，国人供拜释迦牟尼。可是，替万民受难的耶稣，能不能真的替万民受难？普救众生的如来，能不能把苦海中的民众救上篷船？玄瑛，你说你常常灰心，这实在难免，何况你半生坎坷，无亲无靠。你其实本来是一把火，只因为在严寒和苦雨中淋得太久，你的火焰才熄灭了。不过当你为着一个信念而鼓舞的时候，你就会觉得春天又来了。"

听了太炎的一席话，玄瑛万分激动，他对自己将要走的道路看得更清楚，决心也更坚定了。

1908 年 7 月，日本内阁更迭，新上任的外相小村寿太郎为了诱使清政府屈从日本提出的侵占东三省各项权益的无理要求，决定对清政府采取"亲善"政策，因而下令封禁清政府始终视为眼中钉的《民报》。

太炎的心中，早已无所畏惧，他望望阴云密布的天空，沉静地等待着无情的暴风雨。

"大哥！"玄瑛在夜风里战栗了一下，靠紧了太炎。太炎抓住玄瑛的一只手，望着阴沉沉的夜空，忽然朗声大笑：

"玄瑛，你听我说，我们虽然是书生，手无寸铁，但早已不惜流血，置生死于度外，我们无愧于四万万同胞，还有什么值得畏惧的？"

他说着，挽起玄瑛的手臂走出黑洞洞的大门，大步地、义无反顾地走在冷冷的夜风中。

# 章太炎和他的"小友"

人生交契无老少，论交何必先同调。

—— （唐）杜甫

阴暗的监狱里，空气潮湿，霉味刺鼻。旧民主主义革命家章太炎把邹容（近代民主革命烈士，1885～1905）的头枕在自己的腿上，望着邹容遍体的伤痕，不觉老泪纵横，语音哽咽……

邹容比章太炎小16岁，两个人一见如故，成了忘年之交。邹容写了《革命军》，章太炎大为赞赏，说："你的书稿，讯虽浅直，但要让人看懂，非这样不可。"为了使书广为流传，他立刻为之写了序。他叫邹容为"小友"，并同邹容结为兄弟。

清朝政府害怕章太炎倡导革命，把他投入监狱。邹容听到消息，勇敢地投案，跟章太炎一起坐牢。邹容在狱中反抗非人的待遇，惨遭迫害，身染重病，后来死在牢狱里。章太炎抚尸痛哭，写诗曰："邹容吾小弟，披发下瀛州。快剪刀除辫，乾牛肉作糇。英雄一入狱，天地亦悲秋。临命须掺手，乾坤只两头。"以此追思亡友，抒发豪情。

辛亥革命后，孙中山封邹容为"大将军"。章太炎在邹容坟上修了墓道，并亲自作了墓志铭立碑墓前，表示对"小友"的深切怀念。

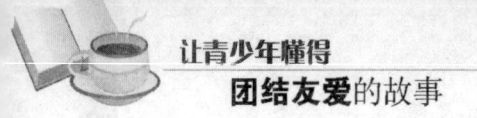

## 鲁迅和柔石

> 所是同袍者，相逢尽衰老。
>
> ——（唐）王昌龄

　　1931 年 2 月 7 日深夜，北风怒号，寒气逼人。在阴森森的国民党上海龙华警备司令部里，忽然传出了匪徒们一阵狼嚎般的吆喝声，接着，从牢狱里走出了 20 多名带着手铐脚镣的"囚徒"。他们昂首挺胸，高唱《国际歌》，巍然向刑场走去。在这大义凛然的革命者中，有一位留着长发，戴着眼镜，脸庞瘦削而苍白的年轻人，他就是鲁迅先生年轻的朋友——柔石。

　　柔石是一位十分朴实、勤恳的年轻作家，鲁迅先生非常赞赏他的品格。在那白色恐怖的岁月里，鲁迅和柔石经常在一起谈论国家的大事。鲁迅先生，以一个老战士的斗争经验，教育柔石，耐心地指导柔石写文章，搞翻译，办杂志，从事革命活动。柔石以一个年轻共产党员火一般的战斗热情感染激励着鲁迅。长期的革命斗争实践，使他们结下了深厚的革命友谊。

　　1931 年初，柔石被捕了。敌人在柔石的衣袋里搜出了一张鲁迅和某书店订的出书合同，就想以这作为借口逮捕鲁迅。形势十分险恶。这时，鲁迅担心的不是个人安危，而是十分惦念着柔石和其它被捕的同志。一天，他收到柔石从狱中带出的一封信。信中说，他虽然已被戴上了脚镣，但心情并未改变，正在跟另一位作家殷夫学德文。信中还特别提到敌人正四处打听鲁迅先生的住址，要先生小心。另外，他要几只铁碗。

　　鲁迅先生立即设法将铁碗送了去。一晃半个多月过去了。天气愈来愈冷，鲁迅心里老是惦记着柔石他们有没有被褥？铁碗收到没？他是多么渴望能重见柔石他们，和这些战友继续并肩战斗啊。可是，他得到的却是自己年轻战友牺牲的消息。先生悲愤极了，他夜不能寐，在院子里清冷的月光下来回踱步。为了悼念战友，抒发自己悲愤的心情，他吟就了一首诗。其中有这样两句："忍看朋辈成新鬼，怒向刀丛觅小诗。"

后来鲁迅先生为了控诉反动派的暴行，冒着生命危险，写了两篇文章：《黑暗中国的文艺界的现状》和《中国无产阶级革命文学和先驱的血》。为了纪念柔石，鲁迅先生还向刊物推荐了一副木刻《牺牲》，画面上一个母亲伸出双手，正把自己的孩子献出去。

鲁迅先生对办刊物的青年们说："这幅画叫《牺牲》，是德国凯绥·珂勒惠支的作品。柔石生前曾经介绍过她的作品，可是现在这个勤恳的介绍者却已经被埋在土里了。我们连地点也不知道。请你们把它发表出去，算是我对烈士的无声的纪念！"

## 徐悲鸿诚助"二石"

> 味甘终易坏，岁晚还知，君子之交淡如水。
>
> ——（南宋）辛弃疾

在中国画坛，生长在南方和居住在北方的现代画家傅抱石、齐白石被称为南北"二石"。傅抱石是中国杰出的山水画家，曾任中国美术家协会副主席，江苏省画院院长，他和关山月合作，为人民大会堂绘制了《江山如此多娇》大幅壁画。他还为郭沫若的《屈原》一剧设计过服装，同时又擅长金石篆刻，是个多才多艺的画家；齐白石是尽人皆知的国画大师，他独具特色的艺术珍品作为国家的宝贵文物享誉中外。而他们的成名，是与画坛伯乐——徐悲鸿的发现和扶植分不开的。

徐悲鸿以中国卓越的画家著称于世，他画的马驰名世界，但许多人却不知道在他58岁的一生中，他把美术教育事业放在第一位，把个人创作放在第二位，从事美术教育工作30多年，把美术教育作为他毕生坚持不懈殚精竭虑的事业。

1931年，任南京中央大学艺术系教授的徐悲鸿带学生到庐山写生，归经南昌。这年，近30岁的傅抱石正怀才不遇、湮没于陋巷。傅曾是制伞工人，完全靠自学成才。当时正在一所小学代课的傅抱石，有一天到寓所拜访徐悲鸿，他拿了几块图章和几张画。徐悲鸿发现图章刻得很好，又看他的画气势不凡，就要他再拿些画来，并留下他的地址。

第二天，徐悲鸿回访了傅抱石。傅抱石受宠若惊，不知如何是好，特别是听徐悲鸿说："你前途无量，应该去留学，去深造。"他简直不敢相信自己的耳朵，觉得自己好像在做梦。

徐悲鸿为傅出国四处奔走，争取资助，他找到当时的江西省主席。拿出自己的一张画，说："这张画留下来，就算你们买下的，南昌出个傅抱石，是江西的荣誉，你们应该拿钱，让他深造。"省主席只好同意出一笔钱送傅抱石去了日本。

1929年，蔡元培推荐徐悲鸿担任北平艺术学院院长，在北平，徐悲鸿意外地发现了齐白石的作品。齐白石当年已66岁，但他的艺术横遭画坛保守派的排斥。当时北平美术界很保守，北平艺术学院的中国画教学掌握在保守派手里，画必称"四王"（清初画家王时敏、王原祁、王翚、王鉴，他们一味崇古，趋于程式化，缺乏艺术应有的生活气息），学必循《芥子园》（清代广泛流传的中国画基本技法图谱），教学改革为保守派所不容。

齐白石30多岁尚未步入画坛，只是个匠人，57岁时为避战乱来到北平，以卖画为生，并无人问津。他"衰年变法"，闭门10年，大胆突破传统手法，博采众长，形成了自己的独特风格，在美术界独立门户自成一派。徐悲鸿到北平，一眼就看准"衰年变法"的齐白石，认为66岁的齐白石"在中国画坛仍然是一匹能够奔驰的千里马"。他两次登门邀请齐白石为"北艺"教授，没有得到老人的同意，又第三次去邀请。他的诚意和苦口婆心的说服，感动了老人。徐悲鸿亲自驾车接白石老人踏上了学院的讲台。他对学生讲："齐白石可以和历史上任何丹青妙手媲美，他不仅可以做你们的老师，也可以做我的老师。"徐悲鸿为齐白石办画展、编画集，还亲自为画集做序。

后来，徐悲鸿又回到了南京中央大学艺术系，告别北平时，齐白石画了一副《月下寻归图》送给徐悲鸿并题诗一首："草庐三顾不容辞，何况雕虫老画师，海上清风明月满，杖藜扶梦访徐熙。"二人分别后经常互赠诗画，成为莫逆之交，感情十分深厚。

## 茹科夫斯基与果戈理比亲属更亲密

> 友谊，以互相尊重为基础的崇高美好的友谊，深切的同情，对别人的成就决不恶意嫉妒，对自己培养一种集体利益高于一切的意识。
>
> —— （前苏）奥斯特洛夫斯基

"好文章！"茹科夫斯基（俄国诗人，1783～1852）读到一篇名为《圣约翰节前夜》的短篇小说，连连拍案叫好。事后，他逢人便打听这篇小说的作者果戈理是谁？多大年纪？干什么工作？当他知道果戈理是一个21岁的小公务员时，连忙给果戈理送了一张请柬，邀请他参加一个盛大的宴会。

在宴会上，这一老一少见面了，两人互问寒暖，讨论创作，当茹科夫斯基知道果戈理经济窘迫时，说："当公务员，薪金少且不说，一天埋在无味的公文堆里，太影响创作啦！"他四处奔走，推荐果戈理当了历史教员。果戈理很感激老诗人的关怀，常去拜访茹科夫斯基，听取他的指导。

171

老诗人发现果戈理思想敏捷，才华横溢，也常常从面前这个年轻人身上吸取营养。他们团结一致，为俄罗斯文学的发展努力做贡献。由于这种密切的来往，两人的作品都取得了飞跃的进步。

果戈理更是感激茹科夫斯基，他给老诗人的信上写道："是什么把我们这些年龄不同的人集合在一起呢？艺术。我们感觉到，我们中间有了亲属关系——比一般亲属更密切的亲属关系。"

瞧，这是多么感人的友情啊！

# 夫累密与摩瓦桑的师生情

> 不管一个人多么有才能，但是集体常常比他更聪明和更有力。
>
> ——奥斯特洛夫斯基

夫累密（法国化学家，1814~1894）与他的学生摩瓦桑（1852~1927）两人情谊很深，交往密切，常常在一起讨论学术问题，猛攻科学难关。

一次，他俩各自都在提炼"氟"，夫累密首先制成无水氟化氢，多次试验就是不能释出氟，真是"踏破铁鞋无觅处"啊！正在这时，他的学生、化学家摩瓦桑制出了氟，并请求法国科学院审查，而科学院偏偏派夫累密同另外两个人组成三人委员会去审查摩瓦桑的发现，真是无巧不成书了。

"嘿，夫累密这下可难受啦！研究了半辈子，想发现新元素，结果没发现得了，倒让他学生得了个便宜。"人们议论纷纷。当夫累密等人组成的三人委员会到了摩瓦桑那里审查时，实验在进行，时间在飞逝，急得摩瓦桑直冒汗，就是连一个氟的气泡也没有，头次实验失败了。夫累密说："摩瓦桑，别急，我们明天再来审查吧。"他并不因学生的失败而欣喜，反而劝慰，并叫他冷静。

第二天，实验成功了，摩瓦桑果然离析出了氟。人们看到，摩瓦桑是在夫累密的基础上成功的，都为夫累密惋惜。认为他同摩瓦桑的关系从此便会告"吹"了。谁知夫累密坦荡地说："看见自己的学生'青出于蓝而胜于蓝'，永远是作先生的一件乐事啊！"

这件事不但没有影响他俩的关系，反而使他们团结得更紧密了。

## 戴维提携晚生

> 学会集体工作的艺术。在今天的科学中，只有集体的努力才会有真正的成就。如果你一个人工作，即使你有非凡的能力，你也不能在科学上做出巨大的发现，而你的同事将始终是你的思想的扩音器和放大器，正如你自己——集体中的一员——也是别人的思想的扩音器和放大器一样。
>
> ——泽林斯基

1812 年法拉第听完戴维的化学讲演后，便给戴维写了一封信，并附上了整理得如刻印的听戴维演讲的笔记。信中倾诉了自己对科学的热爱和追求，希望得到戴维的帮助，得到一项能够接触科学技术的工作。不久，戴维约法拉第去相见的回信来了。法拉第高兴极了。

两人见面后，戴维见法拉第是个好学的青年，心中暗喜，但脸色严肃，语气幽默地说："年轻人，科学可是个刻薄的主妇，对于尽力为她服务的人，她给的报酬是十分少的。你"他指指法拉第的胸膛，续继说，"要不要一生侍奉这位'主妇'呢？请三思而行啊！"

"我的决心下定了!"法拉第回答得很坚决。

这样,戴维同法拉第的交往就开始了。后来,法拉第当了戴维的助手。他们一起做实验,探索科学的奥秘。当时,戴维正在设计一种煤矿工人用的安全灯,法拉第也认真研究,提了不少有益的建议,给了戴维以很大的帮助。在老师的帮助下,法拉第进步极快,甚至一度引起戴维的忌妒。但法拉第成了科学之路上的"千里马"时,戴维便推荐他当了皇家研究院实验室主任。

后来法拉第成了近代电磁学的奠基人,名满欧洲,但他总忘不了戴维,时常说:"是他把我领进科学殿堂大门的!"

# 巴尔扎克的"最高评判"

> 不要靠馈赠去获得朋友。你须贡献你诚挚的爱,学会怎样用正当的方法来赢得一个人的心。
>
> ——(希腊)苏拉格底

1838 年,斯汤达的长篇小说《巴马修道院》写成了,他因贫困所迫,将这部书廉价卖出 5 年的版权。

一天,巴尔扎克看到《立宪报》上刊登了《巴马修道院》中的一章,读到描写滑铁卢战役的章段,不禁为其精采的描述拍案叫绝。他给斯汤达写了一封信,信中说:"我简直起了妒忌的心思。我为《军人生活》(我的作品中最困难的部分)所梦想的战争,如今被人家写得这样高妙、真实,我真是又喜、又痛苦、又迷惑、又绝望。"

但是,巴尔扎克对斯汤达的钦敬之心还是战胜了"妒忌"之意。1840 年

9月，他写成了长篇论文《斯汤达研究》，高度评价了杰作《巴马修道院》。

巴尔扎克的这种做法，在文人相轻的社会里，是难以被人们理解的，他受到了不少人的非议。批评家圣勃夫竟诬蔑他："一定是受了斯汤达的贿赂。"

而巴尔扎克心中却坦荡荡，对造谣中伤之语不屑一顾，他向世人宣告。"我写那篇谈论贝尔（即斯汤达）的文章，是大公无私、诚心实意的。"

这是斯汤达所未预料到的，他得到这位"最高的评判者"的推荐，真是喜出望外。他原来以为《巴马修道院》这部小说起码要到40年后才会为人们所理解。他立即复信巴尔扎克，向他致以真诚的谢意，还求教了创作上的问题。

## 沃尔夫包容学生

> 阴险的友谊虽然允许你得到一些微不足道的小惠，却要剥夺掉你的珍宝——独立思考和对真理纯洁的爱！
>
> ——（俄）别林斯基

德国马尔宝大学校刊《德国科学》上发表了一篇论文，作者是罗蒙诺索夫，他批驳了他的引路导师、德国著名学者沃尔夫教授的一个错误论点，而举荐发表这篇论文的正是这位教授。

罗蒙诺索夫在这所大学求学期间，他无止境的求知欲得到了最大的满足。他经常一连几个星期连续攻关在实验室，饿了啃几口面包充饥，困了躺在椅子上闭一会儿眼。在欧洲有着极高威望的物理学家、化学家沃尔夫看中了这位高材生。掌握了教授的研究方法之后，罗蒙诺索夫进步更快了，但他不只是简单地模仿老师。他十分崇敬沃尔夫，但对他的唯心论观点却从来不盲从。因此，他敢于向老师直陈己见。

豁达大度的沃尔夫对学生的科学见解是十分尊重的，他喜爱这个敢想敢说，才华出众的青年。在罗蒙诺索夫毕业时，教授力荐这泣学生留校任教，并答应给他创造良好的科研条件和给予丰厚的待遇。但罗蒙诺索夫想到了他的"母亲"俄罗斯，他说："不，我的全部知识都是属于人民的，我要把它无保留地献给俄罗斯人民。"

罗蒙诺索夫回国了，但永远忘不了不仅作为科学事业上的良师，同时也是生活上的益友的沃尔夫。他永远铭记着：当自己因大量买书而欠债，是这位老师慷慨为自己还债；当发现自己在学习和生活上有不够检点之处时，老师总是真诚地提出忠告。他打心眼里感激这位事业上的导航人。

# 涅克拉索夫与车尔尼雪夫斯基共同战斗

> 人们在一起可以做出单独一个人所不能做出的事业；智慧、双手、力量结合在一起，几乎是万能的。
>
> ——韦伯斯特

涅克拉索夫（俄国诗人，1821～1877）在屋里踱来踱去，焦躁不安，喃喃地说："三天了，怎么还杳无音讯呢?"在等车尔尼雪夫斯基的书稿《怎么办?》。

涅克拉索夫正主持《现代人》杂志的工作，他同车尔尼雪夫斯基是好友。他俩亲密团结，积极宣传反对沙皇、反对农奴制的革命思想。

车尔尼雪夫斯基被捕后，在监狱里写了《怎么办?》，托人交给涅克拉索夫。涅克拉索夫知道这部书稿的价值，赶紧送去印刷。谁知在途中偶然地失落了。他焦急万分，四处寻访，毫无下落。于是便在《圣彼得堡警察报》上登了一则启事，以重金酬谢捡拾者。他度日如年地过了3天，至今仍无消息，他怎能不着急呢？

"笃笃笃" 谁在敲门？涅克拉索夫跑过去开了门，只见一个穷公务员站在门外，腋下夹着一个包裹。果然是失落的《怎么办?》的书稿。涅克拉索夫酬谢了那位公务员，乘车向印刷所赶去。他知道，发表《怎么办?》对《现代人》杂志是不利的，可能招致查禁。但他不以为然，他认为发表《怎么办?》，并不是车尔尼雪夫斯基个人的事，而是他们共同的事业，向沙皇、向农奴制进攻，这也是他自己的目标呀！不久，《怎么办?》在《现代人》上发表出来了，全国为之轰动。这是涅克拉索夫和车尔尼雪夫斯基共同努力打响的一炮。

后来，《现代人》终于被当局查禁了。涅克拉索夫坦然处之，他对车尔尼雪夫斯基说："我再办一个刊物，我俩共同战斗到底。"

## 赫胥黎与达尔文共进退

> 凡是经过考验的朋友，就应该把他们紧紧地团结在你的周围。
>
> ——莎士比亚

达尔文的科学杰作《物种起源》一书问世了，这是科学史上的一件大事，也使英国生物学家赫胥黎（英国博物学家，1825～1895）欣喜若狂，成了他生活中的大事。

赫胥黎正在伦敦矿物学院任地质学教授。达尔文郑重地送给他一本自己的新作，并给他留言："极想知道这本书对你产生的影响。"

赫胥黎很快地把它读完了，他感到，某些不太重要的结论尽管还有研讨的余地，但通篇而论，论著极有价值，可谓划时代的作品，这必将产生一场科学思想的革命。

生物学家赫胥黎是多么希望自己也投身到这场科学思想的革命中去啊！

他立即给达尔文写了一封信，对大生物学家的学说给予了热情的赞扬。他的信中有这样的话，为了自然选择的原理，"我准备接受火刑，如果必要的话"。并进一步表示。"我正在磨利我的牙爪，以备来保卫这一高贵的著作。"

赫胥黎骄傲地声称："我是达尔文的斗犬。"达尔文则把赫胥黎作为自己的"总代表"。他们不遗余力地与教会和保守势力作斗争，为寻求科学真理，坚持和传播真理共同奋斗着。

# 本生和基尔霍夫团结合作

> 友谊永远是美德的辅佐，不是罪恶的助手。
>
> ——（罗马）西塞罗

月过中天，夜已深沉，在一间灯火通明的实验室里，两位科学家还在继续工作。

这两个人便是本生和基尔霍夫（德国物理学家，1824～1887）。他们两人密切合作已经很长时间了。为了发明分光器，创立精密的光谱分析方法，他们有时头碰头地趴在一起绘图，有时又分开各自去找材料；有时轻声交谈，有时又激烈地论辩。

一天，实验室里像打起来了，别人匆匆推门进去，问："怎么了？怎么了？"两人同时一愣，哈哈笑了，说："不碍事，我们讨论问题哩。"别人也笑了，说："你俩的嗓门一个比一个高，我们真以为你俩打起来了哩！"

无数的不眠之夜过去了，他俩终于共同发明了分光器，当时，他们高兴得抱着在屋里转开圈了。

本生拍着基尔霍夫的肩头，说："分光器已发明出来了，我还想同你多吵几架呢！"

基尔霍夫笑笑，说："当然，我也有这个想法！"

他俩又像过去一样，一会儿轻声交谈，一会儿高声争吵。不久，他们又利用光谱分析发现了新元素铯和铷。

# 瓦特孙抗逆流

> 单个的人是软弱无力的，就像漂流的鲁滨孙一样，只有同别人在一起，他才能完成许多事业。
>
> ——叔本华

《物种起源》像一颗爆炸的巨型炸弹，使整个欧洲都震动了，那些保守势力立即对达尔文群起而攻之，他们认为进化论是对上帝的叛逆，"亵渎神圣"……

达尔文在屋里来回踱步，他这时该多么需要支持啊！

"瓦特孙先生到了。"有人告诉达尔文。达尔文说："啊，快请！"

瓦特孙进来了。他是有名的动物学家，同达尔文是朋友。他们曾在一起采集标本，研究化石，探讨过生物进化的问题。今天，在滚滚的逆流中，有些平日自称为朋友的人早已躲得远远的了。而瓦特孙却前来探访。他紧紧地握着达尔戈的手，说："你的这种'自然选择'的先进思想，一定会在科学上成为一种永不磨灭的真理。别看目前逆流滚滚，那有什么了不起，最后胜利是属于你的！"

达尔文激动了，他连连地说"谢谢，谢谢您！"

瓦特孙和别的朋友一起，抗逆流，顶恶浪，坚定地和达尔文站在一边。

由于他们的团结战斗，共同努力，终于把反动教会为代表的保守势力打垮了。这是进化论的胜利，也是团结的胜利。

# 契诃夫同"海燕"在一起

> 最牢固的友谊是共患难中结成的，正如生铁只有在烈火中才能锤炼成锅一样。
>
> —— （英）科尔顿

在彼得堡全俄科学院大厅里，坐满了著名的学者们。今天就要宣布一项任命，聘请高尔基为科学院美文学院荣誉院士。

俄国著名作家契诃夫来得特别早，值坐在大厅的前面，心情激动地等待着这个令人愉快的宣布。他佩服高尔基向黑暗的恶势力勇敢斗争的精神。高尔基在自己的作品中对苦难的俄罗斯人民表现出了巨大的同情和深挚的爱。他早就认为高尔基的名字才真正是俄国文学的骄傲，他被聘为美文学院名誉院士是当之无愧的。

可是，这位革命"海燕"的作品大大吓坏了那帮官僚政客和反动文人。选举高尔基为美文学院的院士这件事，早在统治者中间遭到了强烈的不满和震惊，沙皇尼古拉二世在高尔基当选的呈文上涂了这样的批语："荒唐之至。"因此科学院院长竟然不顾众多院士们的合法选举，在会上突然宣布取消对高尔基的任命。理由是："不知道高尔基正受政治审讯。"

一听到这样的宣布，契诃夫气坏了，他几乎是从座位上跳起来，以不可遏制的愤怒，大声斥责科学院的这个不得人心的决定。他高喊着："我不认为被控犯有政治罪行可以做为宣布选举无效的理由！"在契诃夫的带动下，院士们纷纷起来抗议，会议无法进行，在一片吵闹声中收场。

后来，契诃夫在致科学院的声明中说，他本人决定辞去美文学院荣誉院士的头衔，他向整个俄罗斯宣布：他要和高尔基——革命的"海燕"站在一起！

## 摩尔根与助手分奖金

个人如果单靠自己，如果置身于集体的关系之外，置身于任何团结民众的伟大思想的范围之外，就会变成怠惰的、保守的、与生活发展相敌对的人。

——高尔基

美国人奔走相告："摩尔根（美国实验胚胎学家、遗传学家，1866～1945）获诺贝尔奖金啦。"

这时，摩尔根正穿过熙熙攘攘的人群，朝他的实验室奔去。他急着要见他的学生——布里吉斯和斯图尔提万特。这两个人是他的终生助手。他们三个人既是师生，又是朋友。

摩尔根在"孟德尔定律"的基础上，创立了"基因学说"。他独立地完成过许多研究项目。后来，他同他的学生布里吉斯等人团结一致，密切合作，又发现了连锁、交换和不分开现象等等，从而发展了"染色体遗传学说"，并进一步证明作为遗传单位的基因是在染色体上作直线排列……正因为这些成就，1933年他获得了诺贝尔生理和医学奖金。摩尔根进实验室，看见他的这两个合作者还在埋头工作，便把他俩叫到身边，说："这份奖金我们三人共享。"

"还是不要这样吧。"两个学生异口同声地说："那是奖给您的啊！"

"不，是奖给我们的！"摩尔根把"我们"两个字说得很重、很响……

181

# 关心亲朋　无微不至

## 伍举与声子两代世交

> 恩情须学水长流。
>
> ——鱼玄机

春秋时代，楚国的伍参和蔡国的子朝是很好的朋友。两家之间交往也很密切，他们的儿子伍举和声子从小相识，两代世交，结成了深厚的友谊。

伍举长大后，娶了王子牟的女儿为妻。此后王子牟因犯法获罪，逃亡到国外去。这件事诛连了伍举，伍举被迫逃往国外。他觉得晋国很安全，于是夜以继日地赶路去投奔晋国。

一天拂晓，伍举很早起身，背起简单的行装出发了。当他路过新郑郊外的时候，忽听背后有人叫他。回头一看，不禁又惊又喜。原来叫他的人是声子。这两位从小相亲而多年不见的好朋友，竟会在异国的土地上突然相逢，彼此都感到十分高兴。

于是，他们就折下路边的荆条铺在地上，相对而坐，同时拿出干粮来边吃边谈。伍举更是百感交集，想起了过去的往事；而如今，有家不能回，流浪在外，不禁眼圈红了。声子便问他："兄长，你怎么到这儿来了？"伍举听到这，泪水涌出，便把自己不幸的遭遇告诉给声子。他哭着说："岳父的事情，我并不了解。我完全是无辜的，今天又被迫离开楚国，不知道何年何月才能重返家园！"声子听了，对朋友的遭遇非常同情，就安慰他说："兄长，你去吧，这次我也要到晋国去，正好和你同行。你先暂时在晋国住下来，我一定尽最大的努力，帮助你重新回到楚国！现在你要振作精神，以后才能有更大的发展！"

当时，晋、楚两国为了争夺中原地区的霸权，经常发生战争。在伍举投奔晋国后不久，声子被派到晋、楚两国去调节两国之间的关系。声子在晋国办完公事以后，就高兴地去看望伍举，并对他说："兄长，回国的时机快要到了，你耐心地等着听我的好消息吧！"伍举紧紧握着声子的双手，感激得说不出话来，两行热泪不禁夺眶而出。

声子告别伍举后来到楚国。他始终记着伍举的事，寻找一切机会帮助伍举。一天，令尹子木问他："晋国的大夫中人才多不多？"声子灵机一动，计上心来便说："多得很！个个才华出众，楚国是根本比不上的。"子木问："他们是怎么物色到的？"声子说："用不着物色，这些人都是从楚国跑过去的。"子木奇怪地问："楚国的人怎么肯为晋国所用呢？"声子说："楚国用刑太滥，有才能的贤人经常无辜得罪，都逃亡到晋国去。"声子接着说："现在楚国的贤大夫伍举就是被迫出走的，他的岳父王子牟犯了法，本来同他毫不相干，却诬枉他，伍举无法申辩，只好逃亡到晋国去。如果他假手晋国来报私仇，楚国就休想太平了。"

子木听罢，心里十分惊慌，马上清楚康王赦免伍举，并宣布增加他的爵禄，派人到晋国去接他回来。伍举明了这一切，都是声子的功劳，只有声子帮助他，才使他终于回到了楚国。伍举对声子非常感激，他们的友谊更加深厚了。

此后，他们两家世代亲近和睦，伍举和声子的友谊，也流传后世，传为佳话。

# 百里奚与蹇叔共患难

乐莫乐兮新相知。

——（战国）屈原

百里奚，春秋秦国大夫，虞国人。家穷，成亲离家，自谋生路。他先到齐国，无人推荐面见齐襄公。流浪至宋国，得遇蹇叔，两人纵谈天下大事，结为兄弟。蹇叔随即把百里奚推荐给虞国的贤臣宫之奇，宫之奇又把他推荐给虞君，作了虞国的大夫。可好景不长，晋献公出兵灭虞，俘虏了虞君和百里奚。正好晋献公要把自己的女儿嫁给秦穆公，便把百里奚作为陪嫁小臣送至秦国。

百里奚伺机逃出，跑到楚国宛县，不料被楚民捉送到南海放马。秦穆公后来听谋臣公孙枝说，百里奚有经邦治国之才，便想任用他，决定不惜重金将他赎回。公孙枝急忙劝阻道："主公要是送厚礼去南海，百里奚就回不来了。"秦穆公很奇怪，问其原因。公孙枝说："楚国让百里奚去放马，说明他们还不知道百里奚的才干，主公要是拿这样厚重的礼物去换他，不就等于告诉楚国，百里奚是个人才吗？如此，楚国便不会放他回来了。"秦穆公恍然大悟，就按照当时市场上买奴隶的价格，让人带五张羊皮将百里奚赎回。

百里奚赎回后，穆公与他谈论富国强兵之道，欲任他为宰相。百里奚不受。曰："我的本事远比不上我的朋友蹇叔，主公要富国强兵，称霸中原，就该把蹇叔请来"。秦穆公听说蹇叔比百里奚还要高明，马上派公子絷赶到蹇叔隐居的地方——宋国鸣鹿村去请其出山。蹇叔入秦后，秦穆公即任命其为右相，同时任命百里奚为左相。在蹇叔和百里奚的辅佐下，秦穆公积极推行各种改革，使得秦国一天天强大起来。

## 邹长倩良言赠挚友

习与正人居之，不能无正也；犹生长于齐，不能不齐语也。

——（汉）贾谊

汉武帝的宰相公孙宏，小时家里很穷。他放猪多年，40多岁了，才发愤读书，学习《春秋》，学习其它经典。武帝初年。举贤良方正，他应试对策考第一名，拜为博士。

要去长安时，他的近邻好友邹长倩，看他衣帽破旧，就脱下自己的衣服，鞋帽给他穿戴上，还赠送他干草一束、素丝一桄、扑满一个，并分别题词说："干草虽不值钱. 但人们日常生活离不开它。古诗说：'生刍一束，其人如玉。'意思是：送他一束干草，那人像玉石一样美丽。用此诗赠您，希望您贵不忘贱；"素丝一根一根地织成线，多少线积成了缕，多少缕积成了这一桄。这说明积少成多，积多成大。希望您不要认为是'小善'而不去做啊！扑满是用土做的陶器，是用它装钱的。它的构造是有入口而没有出口。钱装满了，就把它摔破了取出钱来。因为钱贵重，而扑满不贵重。现在有些当官的收敛百姓的钱，聚而不散，将会得到扑满的下场，可要好好地警诫自己啊！"

"保重吧，别后有山川的阻隔，风霜雨露的变迁，您谨慎从事，建功立业吧，我在家乡听候您的好消息！"

后来公孙宏当了汉武帝的宰相，被封为平津侯。他打开东阁广纳贤明

的人，把自己应得的俸禄全拿出来招待宾客食用。自己和家人经常吃粗米穿布衣，不辜负好友的期望，不忘记好友的赠言。

## 孔融让梨争刑

非亲有义须当敬，是友无情不可交。

——中国谚语

孔融是曲阜人，孔子的第二十世孙，泰山都尉孔宙的儿子。他一生写过许多的诗和散文，是当时有名的文学家。

孔融对父母恭敬孝顺，对兄弟谦让友爱，对朋友热情诚恳，对奸邪嫉恶如仇。因此，大家都很敬重他。

孔融的这些美德，是从小在父母的言传身教下培养起来的。

孔融兄弟很多，他排行第六。父母从小就教育他们要谦让待人，尊敬父兄，明辨是非，注重仁义。所以他们家虽然孩子多，却一直和和睦睦的，邻里从来没听到过吵嘴打架的声音。

孔融4岁时，有一天，他父亲的一个学生来看望老师和师母，带来一些梨给他和哥哥吃，孔融拣了个小的，客人觉得奇怪，就问他说："小公子，你为什么拣小的吃呢？"孔融笑着回答："我年纪少，当然该吃小的嘛！"

那位客人听了直夸孩子懂事，父母家教好。

孔融生活在东汉末年，当时朝廷里宦官专权，他们迫害异己，残害百姓，为所欲为，无法无天，弄得天怒人怨。

孔融十六岁那年，有个叫张俭的官员触犯了宦官头子侯览，侯览下令逮捕张俭。张俭无处藏身，寻思着与孔融的哥哥孔褒是老交情，就逃到孔融家。恰巧这时孔褒不在，张俭见孔融年纪还小，不便把真情告诉他，想走又无路可投．因而坐立不安。孔融见张俭神色慌张，料定发生了危急的事情，就十分诚恳地对他说："您有什么事情跟我说是一样的。"

张俭见孔融虽然年纪不大，却谈吐不凡，就将事情的原委告诉了他。于是，孔融就把张俭藏了起来。后来，这事不知怎么让侯览知道了，侯览命令地方官来搜捕，孔融与哥哥孔褒又悄悄地把张俭打发走了。差人没抓住张俭，怕不好交差，就将孔融兄弟带走了。地方官审问是谁窝藏和放走了"罪犯"。孔融抢着说："张俭是我作主藏在家里的，也是我放走的，与我哥哥无关。如果有罪，应当由我一人承当。"

哥哥孔褒赶忙说："不，张俭是我的朋友，他是来投奔我的，与我弟弟无关！"孔融的母亲知道此事后立刻赶到官府，斩钉截铁地说："我是一家之长，家里不论出了什么事情，都应当由我承担。"

那地方官见孔融一家母子三人争着受刑，不能判定谁是主谋，就将事情上报侯览，暗暗在心中钦佩有这样的好母亲培养出这样的好儿子。后来，侯览下令杀了孔褒抵罪。

孔融小时候不仅让过梨，而且在危险将至的时候，争过刑。一让一争，足以证明孔融和兄弟姐妹之间是多么团结友爱，风格是多么高尚。

联想到今天某些人一见利益就沾，一见荣誉就争，一见责任和犯了错误就互相推诿。这些人只知道钟爱自己，不懂得心中应该有他人。

在商品经济发展的今天，金钱和利益时时考验我们，在利益面前，是不是具有孔融让梨的精神呢？在社会主义建设事业中，未必遇到的都是坦途，在遇到危险和困难时，每一个高尚的人，都应该像孔融那样，抢在剐人的前面。

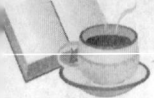

# 刘备责友

善人同处，则日闻嘉训；恶人从游，则日生邪情。

——范晔

刘备（161～223）是三国时期蜀国的建立者。刘备不仅善交朋友，和关羽、张飞结为异姓兄弟。还能诚恳地帮助朋友。刘备和许汜两人推心置腹，无话不谈。

有一天，刘备和荆州刺史刘表闲谈。评论当世著名的人物，许汜也在座。当谈到徐州的陈登时，许汜插话说："陈登的文化教养太低了。总也脱不掉一股粗野人习气。"

"你有根据吗？"刘备诧异地问。

"当然有。"许汜说："头几年，他在吕布那做事，我去拜访他，他不但不搭理人，晚上他自己睡大床，却让我睡在小床上。"

刘备笑着说："他这样做是对的。"

许汜站起来正要分辩，刘备双手搭在他的肩上，诚恳地说："你在外面的名气大，人们对你的要求也就高了。现在兵荒马乱，老百姓够苦的了。你不关心这些，只打听谁家买肥田，谁家买好屋，尽想捞便宜。陈登最看不起这种人，他怎会同你讲心里话呢？他让你睡小床，还算优待你哩。若是我，就让你睡在地上，连小床也不让你睡。"

刘表大笑说："许汜，你快改掉这毛病吧。"许汜感到刘备是真诚帮助自己，感激刘备批评人不留情面，并表示要改正自己的缺点。

# 吕岱诚选益友

> 君子拙于不知己，而信于知己。
>
> ——（西汉）司马迁

吕岱，字定公，海陵（江苏省泰州市）人，三国时孙吴的将领。吕岱一生屡立战功，80岁时还统兵作战，享年96岁。吕岱不仅以年高领兵出名，更以诚选益友著称。

吕岱的益友是徐原。吕岱很早就认识了吴郡的徐原。几次听徐原慷慨陈词，觉得他是富有正义感的人。后来又经过不断地接触，发现他志向远大，才略非凡。便同他交了朋友。吕岱知道徐原家境贫寒，就带衣物去看望。吕岱认为徐原可成大器，就经常同他促膝谈心，激励他尽忠报国。

在吕岱推荐下，徐原做了官。因为主持正义、又有才能，很快就提拔为监察政务的侍御史。徐原为人心忠胆壮，有话直说。对吕岱更是毫不客气。只要吕岱做事不妥，他就前去劝阻。当面批评，毫不讲情面。语言苛薄，不管你能否接受得了。吕岱呢，认为这是"良药苦口利于病，忠言逆耳利于行"。他把徐原看成是一面不可多得的镜子。他从这面镜子里看到了自己的形象，知道了哪是是，哪是非，避免了很多大的过失。有人不理解地对吕岱说："徐原对您太不留情了，亏您推荐了他！"吕岱感叹地说；"这正是我尊重徐德渊（徐原）的缘故啊！"

徐原去世了，吕岱哭得十分悲痛。对劝他的人说："孔子说，'益者三友……友直（正直的人），友谅（诚实的人），友多闻（见识广博的人）……徐德渊才真正是我吕岱的益友啊！他死了，我还能从哪里听到自

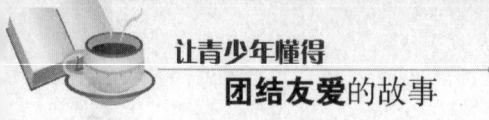

己的过失呢!"

后世人常赞美吕岱和徐原的真挚友情。

# 胡质辞交

> 找一个赞美你的朋友,不如找一个挑你刺的朋友。
>
> ——《当代青年谈人生》

三国时,魏国名将张辽(169~222)同护军武周原是密友,只是因为一点儿小事就突然闹僵了,见面竟然连话也不说一句。张辽听说胡质的学问和人品都不错,便托人给胡质捎话,说是要去拜访他,同他交个朋友。胡质以身体不舒服为理由,辞谢了。

一天,张辽路遇胡质,看见胡质身体结实,红光满面,哪里有啥不舒服呢?他有些不高兴,埋怨说:"老胡啊,我一心想跟你结交,你怎么嫌弃我呢?"

"这得问你自己呀!"

"怪我?"

"可不是!"胡质诚恳地说:"交朋友,应看大节,不计小事,才能长久地保持友谊。武周为人不错,你也曾夸奖过他。现在,只为鸡毛蒜皮的小事,你就不理他了。我的才学比他差远了,怎能使你长久信赖呢?因此,我们俩好不了多久就会崩,还不如不结交哩!"

张辽听了又感激,又惭愧,连连称谢。随后,他给武周道歉,承认自己的错误,武周也作了自我批评,两人和好如初。胡质笑着对张辽说:"知过能改,你这个人可交。"说着,他热诚地邀请张辽到自己家里去做客,终于成了好朋友。

# 管宁割席弃友

势力之交，古人羞之。

——刘义庆

管宁、华歆都是三国人，他俩是最要好的朋友。同坐在一张席子上读书，一起吟诗，一起写字，一起散步，很是密切。

一次，管宁对华歆说："我们不应该为金钱所吸引，为地位所诱惑。"华歆说："你说得对。只有这样，才能保持良好的品格。"管宁高兴地说："如果能够做到，我们将永远是好朋友。如果谁违背诺言，就抛弃他！"

有一天，管宁与华歆一起在园里锄菜，忽然发现地上有块金子，管宁见了，视为土石，照样挥动锄头。华歆呢，看见那块金子在阳光下闪闪发亮，急忙抓在手里，左看右看，爱不释手。忽然，他想起了管宁的话："不应为金钱所吸引……"才悻悻地扔掉。其实，管宁早在注视着华歆，见了他的举动，很是生气。华歆虽知道管宁生了气，可不以为然，认为太过份了。

又一天，他二人坐在一起读书，忽听门外传来了鸣锣开道声："回避，回避！""矍！矍！"华歆连忙撂下书跑出去看，只见一华衣锦服的人，坐在一辆华盖车上，前呼后拥，好不威风。华歆看哪，看哪，直到没有影儿，还舍不得回书房，愣愣地站在门口，想着心事。

管宁仍然读书，好像什么也没有听见。其实，华歆的行动，早已被管宁看见眼里。

华歆回来后，管宁立即割断了席子，说："你违背了诺言，从今以后，

你不再是我的朋友了!"

管宁割席弃好友的故事,反映了他不为金钱地位诱惑的高尚品格,后来他终于成为一个有学问的人。

## 邓攸弃子保侄

> 自古义为先。
>
> ——邓攸

邓攸(?~326),字伯道,西晋平阳襄陵(今山西襄汾)人,东晋元帝时曾任吴郡守,官至尚书右仆射。永嘉末年,邓攸被石勒军所俘,连同妻子、儿子和侄子同被掳。石勒打算掳他们过泗水北去。

邓攸见岸边杂草丛生,林木茂密,便用刀砍坏了载他们的牛马车,牵着牛马,带着全家,藏在密林中。等石勒的军队过了河,走远了,邓攸才用牛马驮上妻子、儿子和侄子向南逃去。谁知,又遇上了强盗,抢走了牛马,他只得担着儿子、侄子,偕同妻子徒步行走。虽然不停地赶路,但行进非常缓慢。邓攸想:像这样带着两个孩子逃命,很难都保全性命;如果只带一个,或许能幸存。可是,一个是自己的独生子,一个是弟弟的遗孤,舍弃哪个呢?左思右想,横下一条心,对妻子说:"此去江南,远隔万里,很难两全。弟弟过世,若舍侄儿,会断其子嗣。只有舍子保侄了!日后若能幸存,或许能再生子!"

妻子是个深通情理的人,知道此时丈夫的心,比她还难受。她流着泪,说:"他父,大丈夫自古义为先。此刻,也只能舍子取义了……"说完,夫妻对泣。于是，将子弃于荒野。

可是，早晨弃了，晚上又追上来了。邓攸见了，居然将自己的儿子拴在了树上。儿子挣脱着，哭喊着："爹呀——娘呀——"哭喊声撕心裂肺。他们不敢回头。带着侄儿，抽抽噎噎，向前赶路……

"自古义为先"。邓攸弃子保侄的抉择，是与他平素的修养分不开的。没有"载米之郡，唯饮吴水"（自带粮食去吴郡任郡守，只饮吴地的水）的平素，哪有弃子取义的瞬间呢！

## 谢尚以诚交友

> 人生贵相知，何用金与钱。
>
> ——（唐）李白

中秋时节，皓月当空，波涛滚滚的长江抖动着月华。这时，东晋的镇西将军谢尚（308~357），正率领军队驻守在长江之滨的采石镇。

这天，他换了便装，和几个幕僚一起泛舟赏月，只见水天一色，无涯无际，引起无尽的遐思。忽然，伴随着一阵徐徐的轻风，远处小船上传来吟诵之声，激昂奋发的情思，优美豪爽的诗句，深深打动了谢尚的情怀。他派人前去询问，回报说是已故临汝县令的遗孤，名叫袁宏（328~376），吟诵的是他创作的《咏史》诗。谢尚便派人把他接上大船来。

原来，袁宏的父亲过世以后，家境很是贫困。这个孤苦无依的少年，只好驾起一叶扁舟，涉涛履险，运送过往行人，维持温饱。在紧张的劳动之余，袁宏刻苦读书，他写的以历史为题材的诗作，是很出色的。方才，

他在乘兴吟咏自己的诗篇。两个社会地位和年岁相差悬殊的人，竟然一见如故，寒暄几句，便高谈阔论起来。不知不觉间，明月西沉，朝霞东泛，连睡觉都忘记了。

谢尚的热情称颂，使得默默无闻的年轻人，逐渐引起社会上的注意，名声一天天大了起来。谢尚还选拔袁宏担任军事参谋。此后，袁宏在文学和军事方面，都建立了卓著的功绩。

## 李勉待友以诚

> 与朋友交，言而有信。
>
> ——《孔子》

李勉是唐朝的宗室后代，当过开封尉、刺史、节度观察使，最后还当过两年宰相。他一生中最喜好的就是与有才干、有知识的人结交，交朋友他以诚相待，肝胆相照。为朋友尽心竭力，两肋插刀的故事留传至今。

李勉年轻的时候，由于家境贫穷，在客居梁、宋等地读书。李勉曾和一名太学生同住一个旅舍。两人的关系很好，平日里常常一起谈诗作赋。

一天，那个太学生突然得了急病，卧床不起。李勉看他的病情十分严重，非常着急，忙给他请医生熬药，又给他端水端饭。无微不至地护理那位太学生，不知道的还以为他们是亲兄弟呢！

太学生的病体不见好转，眼看快要不行了。他趁房内无人，紧紧拉着李勉的手，未说话泪先流，呜咽地说："你我朋友一场，没想到你对我这么好，这些银子你拿着。"说着，摸出几锭银子交给李勉，又说道："没人知道我身边藏有这么多银两，我死后请你用这笔钱将我安葬，余下的你就自己用吧!"说完，闭眼死去。

李勉忍着失友的悲痛，遵嘱给亡友举哀，买了棺木、衣衾等物，把他好好安葬了。剩下的钱，他分文未动，都随亡友一起入土。不久，太学生的遗属来找李勉，李勉便和他们一起去给亡友迁葬，取出埋在地下的银两交给他们，并且又拿了自己的银子赠与他们。遗属感动得不知说什么才好。李勉却说："朋友一场，这是应该的!"

后来，李勉当了大官，结交了一位勤肯能干的密县县尉王晬，可是没多久皇帝下诏要处死王晬。李勉认为自己的朋友王晬没有错处，便暗暗寻察此事，了解到王晬是被人陷害。李勉便上奏皇帝请求赦免王晬，结果王晬被赦免，而自己却被指控执行圣旨不力，召回京师贬官处置。

不久，王晬特来向李勉道谢，跪下就要给李勉磕头，李勉忙扶起王晬说："何必如此，大家都是朋友，当为知己者死，我做的这又算得什么。"后来，他们的关系就更密切了。王晬也不辜负李勉对自己的厚望。他上任龙门县令后，为官清正，办事能干，声誉很好。

李勉在任节度使时，听说李巡、张参两人很有才学，便请他们进幕府任判官。这两人都是名士，李逸待他们始终十分有礼，三人都互相以朋友相称，关系和睦。每有宴饮，李勉都请李巡、张参二人参加。

不久，李巡和张参先后去世，李勉仍然很怀念他们，宴请客人时总给他们空着座位，摆着酒杯和筷子，就像他们俩活着一样。即使在很欢乐的宴会上，李勉看到空座，也不免神色凄恻，回想起往日和两人的深挚友谊和学问切磋，想起两人对自己的帮助，心中便充满了伤感和怀念的感情。

李勉对朋友的态度为众人所知，许多人都以是李勉的朋友而自豪。俗话说："近朱者赤，近墨者黑。"李勉以自己的风格和性格来影响别人，同样从朋友那里也得到了许多珍贵的东西。

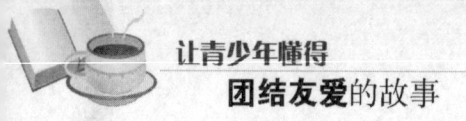

# 刘君良关爱同族

> 君子淡如水，岁久情愈真。小人口如蜜，转眼如仇人。
>
> ——《逊志斋集》

刘君良，唐代深州饶阳人。他家几代是孝友世家，讲究团结友爱，父慈子孝，兄弟团结和睦，到他这辈已经是四世同居了。

同族兄弟们都住在一个大家庭里，吃一个厨房的饭，共同劳作，治理家业，一斗粮、一尺布都不私用岛，真可谓是孝悌力田、礼让成风的大人家了。

隋大业末年，年成不好，谷菜都歉收，社会上人心也不稳定。这时，刘君良的妻子不是个很贤惠的人，劝他分家。他家院子很大，树也很多，由于孩子们都有教养，树上鸟巢很多，鸟也欢聚在这里，为了造成分家的借口和依据，刘君良的妻子偷偷把树上鸟巢里的雏鸟掏出来，互相交换，造成鸟的互斗，悲鸣。家里的人都很奇怪。刘君良的妻子于是造谣劝刘君良说："天下就要大乱了，你看禽鸟都不安起来，何况人呢？快分家吧！"刘君良也莫名其妙，就和众兄弟商议好，分家另住了。

分开家一个月来，刘君良发觉了鸟不安是他妻子搞的诡计，于是斥责妻子说："是你破坏了我们的家，你滚开吧！"

妻子走后，他又把众兄弟召集到一起，说明原因，又合到一起住了。这时地方上很乱，乡里的人，无法安居，于是都来依靠刘家，大伙在他家修筑起堡垒来，起名叫"义成堡"。大伙守住在这堡垒里，度过了难关。

唐武德年间，深州别驾（太守的军官）杨宏业专程来刘家访问，他看到刘家有六个大院，共同吃一个厨房做的饭菜。看到全家的子弟们都彬彬有礼，招待他酒饭，使他很欢畅地离开这里。

唐贞观六年，朝廷特下诏书，表彰刘君良孝悌友邻、和睦家庭的高尚品德。

## 铁木真与他的密友

> 向你的朋友学好，对着你的影子整装。
>
> ——蒙古族谚语

铁木真是一个蒙古贵族家的长子，9 岁时，父亲被仇家害死。从此，家境破落，生活贫困，他的母亲诃额仑夫人靠拾野果，挖草根，艰难地养大了自己的五个孩子。

铁木真 13 岁时，有一天，家里的 8 匹骟马被贼抢去了，对于铁木真家来说，这是一个很大的损失。于是，铁木真自告奋勇骑马去寻找。路上遇到一个少年正在挤马奶，了解到铁木真的情况，非常同情他。他给帖木真换下了疲惫不堪的坐骑，又给他带了很多食物，然后对他说："你的生活这样艰难，我们男子汉的艰难和责任都是一样的，我愿意做你的朋友，我叫孛斡尔出，我和你一起去找马吧！"他们走了 3 天，又经过一场厮杀，终于赶回了那 8 匹马，铁木真很感激他，回到孛斡尔出的家，执意要留下几匹马作为酬谢。孛斡尔出一再推辞，说："我是看你有困难才来帮你，这完全是我自愿的，怎么能要你的东西？我家里很富有，父亲只有我一个儿子，所有的财产将来都是我的。我们是朋友，如果接受了你的酬谢，我还跟你作朋友干什么？"孛斡尔出的父亲纳忽伯颜看到儿子交了一个新朋友，十分高兴，对他们说："你们两人要团结，要互相关心，帮助，千万不要互相争斗，遗弃对方！"

从此，帖木真和孛斡尔出成了有难同当，有福同享的最亲密的伙伴，

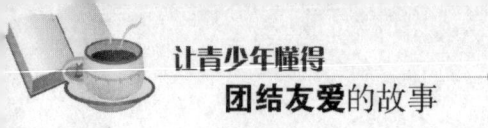
他的一生都和成吉思汗的事业紧密地联系在一起。

# 鲁迅与郁达夫同行

人生得一知已足矣，斯世当以同怀视之。

——鲁迅

鲁迅和郁达夫从 1923 年 2 月 17 日相识，历经 10 余年而友谊日增。

鲁迅和郁达夫之间，不论在思想认识，生活态度和文艺见解等方面，都存在着明显的差别，但他们求同存异，赤诚相见。郁达夫对鲁迅十分尊重。

鲁迅与郁达夫交往比较密切，是鲁迅到上海以后。1928 年 6 月创刊的《奔流》，是他们合编的月刊。郁达夫虽称编者，实则挂名。鲁迅"因为《奔流》，终日奔得很忙。"而郁达夫却比较闲适。他们都各得其所，相处得很好。

1930 年 2 月，鲁迅、郁达夫一起列名发起"中国自由运动大同盟"。不久，"中国左翼作家联盟"成立，郁达夫又经鲁迅介绍，参加了左联。由于当时斗争复杂，郁达夫思想有些矛盾，一方面他有正义感和爱国热情，另一方面他又有感伤、颓废等情绪。在鲁迅面前，郁达夫从不掩饰自己的矛盾，鲁迅则坦诚相待，他写赠郁达夫的诗作就是明证。

1932 年 12 月 31 日，鲁迅为中外友人题诗写字，一连写了 5 幅，《无题》则是专为达夫新写的：

洞庭木落楚天高，

眉黛猩红涴战袍。

泽畔有人吟不得，

秋波渺渺失离骚。

这首诗曾经得到人们的高度赞赏，郁达夫就最喜爱它，称它是鲁迅七绝中的压墨之作。从诗中看，对于郁达夫似有慰问和勉励之意，希望他认清形势，多为社会做些有益的工作。这时距郁达夫携妻王映霞移家杭州只有 3 个多月，也许鲁迅已经了解老友早萌退居之意。

这首诗，于 1933 年 1 月 10 日寄出，并附信"丐其写字"。郁达夫收到后，便写了一首专门献给鲁迅的旧体诗，于 1 月 19 日特地送上门来。诗中有"彷徨呐喊两悠悠"，"不废江河万古流"句。这首诗用风趣的笔调，飘逸的风格，对鲁迅的业绩作出了热情的评价。

郁达夫支持鲁迅，鲁迅也关怀郁达夫。就在 1933 年，鲁迅又借为王映霞写字之机，题诗一首赠郁达夫：

钱王登假仍如在，伍相随波不可寻。

平楚日和憎健翮，小山香满蔽高岭。

坟坛冷落将军岳，梅鹤凄凉处士林。

何以举家游旷远，风波浩荡足行吟。

这首诗的写作背景是：1933 年 4 月 25 日，郁达夫离开斗争漩涡上海，偕同妻子王映霞回杭州养息。之后，他与当地官员、士绅应酬往来，接受款待，写了一些点缀太平的游记一类的文章。鲁迅借用典故，对郁达夫进行规劝，并寄托着殷切期望。

鲁迅这首诗的前三联，一再以史实典故作喻，极言杭州还是暴君统治的天下，虽然风和日丽，小山香满，但非爱国志士栖身之地。全诗的重点在第四联，希望郁达夫认清形势，"举家游旷远"，及早迁离杭州。在"风波浩荡"中抒写情怀。可惜郁达夫一味迷恋湖光山色、醇酒美人，辜负了鲁迅的期望。可以这样说，鲁迅是郁达夫思想和事业上的净友，在激烈的生活波浪中，他是拉着郁达夫的手一同前进的。如果郁达夫能够倾听鲁迅的忠言，认真克服自身的弱点，他就不致于走那么曲折的道路。所幸者是抗战爆发后，郁达夫的爱国热情又熊熊燃烧起来，终于不负鲁迅生前的殷切期望，在海内外的"风波浩荡"中奔走辛劳，为民族解放和新文化建设作出卓越的成绩，并献出最可宝贵的生命。

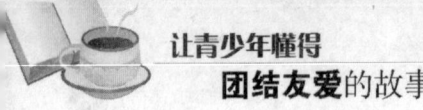

# 张学良关心相声艺人张寿臣

> 知音世所稀。
>
> —— （唐） 孟浩然

张学良爱好广泛，对相声也有些研究，他曾对张寿臣说："说相声不能光让人听笑话，还应该说些天文地理、历史典故、人情世态，让人们乐得有道理，在笑中长见识。"

有一次张学良听了张寿臣的单口相声《化蜡钎》后，深有感触地说："相声不能为笑而笑，而应该鞭挞坏人，以正民风。"并举了《墙头记》的笑话为例，启发张寿臣。后来，张寿臣认真修改，使这个讽刺不肖弟子的小段更加吸引人。

还有一次张学良找到张寿臣说："贪官污吏刮地三尺，连土地爷都恨之入骨，而你讽刺贪官的相声《得胜图》就不够尖狠。"于是，张寿臣对《得胜图》做了修改，特地添了一段贪官离任时的自白："老百姓还送来一块石碑，我没敢要——让我驮着吧！"使得这个段子更增加了讽刺效果。

一次堂会上张寿臣说《八扇屏》，当张一口气说完《八扇屏》时已经很累，本想下场休息，不料有位贵客还在高喊："快接着说'诸葛亮骂王朗！'"张寿臣无奈，只得接着说下去，下场已是气喘吁吁，张学良关切问张寿臣的身体，并说："《八扇屏》不一定要说完八扇，而且'诸葛亮骂王朗'那段也有点画蛇添足。"此后，张寿臣就将这二段做了适当精简处理，效果很好。

张学良与张寿臣相交日深，他们常纵谈古今兴亡大事，论说历代英雄人物。后来，张学良还想举荐张寿臣去当县长，终因张寿臣力辞而作罢。张寿臣感叹自己身为一个艺人，难以报效国家，张学良劝他说："自古以来就有以说笑参政的，你们说相声，开通民智，也是报效国家啊！"并特意手书了"曼倩遗风"四字相赠。